홍
차
학
개
론

저자 _ 정영숙

부산대학교 문리과대학, 경남대학교 경제학석사,

창원대학교 경영학박사학위를 받았으며 부산여자대학교 교수,

부산여자대학교 다도 관장, 사) 한국차학회 회장,

사) 한국다도협회 회장을 역임했다.

논문으로는 '다도를 통한 어린이 예절교육',

'다도교육이 유아의 EQ발달에 미치는 영향',

'우리나라 녹차의 마케팅 믹스에 관한 연구' 외에 다수의

논문들이 있으며, 저서로는 『어린이 예절』, 『생활예절 중 '다례' 편』,

『홍차문화의 세계(공저)』 등이 있다.

*일러두기

1. 본문 중 차에 관련된 통계는 '베아트리스 호헤네거'의
『차의 세계사』와 '문기영'의『홍차수업 2』를 참고하였다.

2. 본문 중에 나오는 나라명과 지명은 현대어로 표기했다.
예) 에스파냐 → 스페인, 이싱(宜興) → 의흥(宜興) 등

서

문

2010년에 동료들과 홍차문화의 세계라는 책을 집필할 때, 서문의 가장 첫 문장이 홍차에 대한 책은 많이 출판되었다는 내용이었습니다. 그로부터 10년이 흘렀고, 그 사이에 더 많은 책들이 출간되었습니다. 이 중 몇몇 책들은 홍차에 대한 전문적 지식을 더욱 확장시켜 주기도 하였으며, 차를 더 맛있게 마시기 위한 다양한 방법을 연구하는 과정에서 제게 좋은 영감을 주기도 하였습니다. 그럼에도 불구하고 다시 홍차와 관련된 책을 출간해야겠다고 결심한 계기는 10년 전의 내용을 보다 풍성하게 집약하여 홍차에 대해 이해할 수 있는 교과서의 필요성을 절감했기 때문입니다. 취향으로 홍차를 즐기고 음다 하는 것과 관련된 다양한 전문서적이 많이 출간되었고, 깊은 내용을 담고 있는 전문서적도 많이 번역되어 왔습니다. 그러나 학생들에게 1년 과정을 홍차에 대해 강의하는데 있어 홍차를 처음 배우는 입문자들을 위해 홍차 전반에 관해 알기 쉽게 설명하는 서적은 부족하다고 생각했습니다. 홍차에 관심을 갖고 처음 접하기 시작한 사람들에게 지금까지 배우고 가르쳤던 내용들을 가장 쉽게 정리하여 다양한 시각적 자료와 함께 제시하는 것도 의미 있는 일이 될 수 있겠다고 생각했습니다.

이런 생각으로 다음의 순서로 내용을 정리해 보았습니다. 1장에서는 영국의 홍차문화라는 주제로 홍차의 역사, 영국과 유럽의 홍차문화 그리고 그와 관련된 사건들를 중심으로 기술했습니다. 1장의 내용이 홍차문화의 정신이라면 2장은 홍차문화가 체현되는 몸, 즉 그릇에 대한 이야기입니다. 2장에서는 홍차의 도자사라는 주제로 유럽에 중국의 자기가 전해지면서 어떻게 변형, 발전되어 홍차문화를 향유하도록 만드는 주요한 도구가 되었는지에 대한 이야기입니다.

세계의 도자회사에 대한 설명을 추가하여 현재까지 풍부하게 소비되는 다양한 도자 회사의 기원과 특징에 대해 함께 살펴볼 수 있도록 내용을 구성하였습니다. 3장에서는 홍차에 대한 이해에 초점을 맞추었습니다. 먼저 차에 대한 기본적인 개론을 소개하고, 홍차와 녹차의 공통점과 차이점, 분류법 등을 설명하고, 차나무에서 홍차로 만들어지는 제다과정을 자세하게 소개하고, 이 과정에서 최상의 홍차 맛을 위해 고려해야 할 것들이 무엇인지 정리해 보았습니다. 그리고 차 문화라는 큰 틀 안에서 홍차가 어떻게 자리 잡고 있는지 거시적으로 바라볼 수 있도록 하였습니다. 4장에서는 좀 더 다양하게 홍차를 즐기기 위해 필요한 도구나 방법들을 소개하고 정리해 보았습니다. 5장에서는 세계 각지의 홍차 생산지를 소개하고 해당 지역에서 재배되는 홍차의 특징과 맛, 다원 등에 대해 간략하게 정리했습니다.

더 많은 내용을 더 심도 깊게 소개해야 하는 것이 아닌가 하는 고민도 있었지만, 초심자들에게 꼭 전달해야 하는 내용만을 담아서 쉽게 홍차를 이해할 수 있도록 만드는 개론서를 쓰는 과정에서 많은 내용이 생략되었습니다. 일단 홍차문화를 접하게 되면 더 무궁무진한 내용이 존재하고 있다는 걸 알게 되고, 새로운 내용을 발견해 가는 기쁨을 느끼게 될 것이라 생각합니다. 처음 홍차를 시작하면서 어디에서 어떻게 시작하면 좋을지 막막한 고민을 하고 있는 입문자들에게, 이 책의 내용이 길잡이의 역할을 할 수 있기를 기원합니다.

끝으로 이 책을 편집해주신 이상균 편집장님, 귀한 사진들을 제공해주신 윤미연 기자님께 감사드립니다, 그리고 언제나 든든한 버팀목이 되어준 남편 송지 거사와 두 딸 혜영, 혜진, 홍차아카데미 임원진과 회원님께도 감사드립니다.

CONTENTS

Chapter Ⅰ. 영국의 홍차 문화

*

Chapter II. 차와 유럽 도자사

Chapter III. 홍차의 이해

Chapter IV. 다양한 홍차의 매력

CONTENTS

✳

Chapter V. 세계의 홍차 생산지

Chapter 1.

홍차학개론

———

영 국 의
홍 차 문 화

...

Chapter I. 영국의 홍차 문화

유럽, 차와 만나다

달콤한 홍차 역사의 시작 _

차는 중국에서 시작됐다. 그러나 지금 세계 차 시장의 대부분을 점유하고 있는 홍차문화는 유럽에서 시작되었다. 그렇다면 중국의 차가 어떤 경로를 통해 유럽에 알려지게 되었을까?

유럽과 중국의 교역은 16C에 아프리카 남단을 돌아서 아시아와의 해로가 개척되기 이전에는 실크로드Silk Road 를 통해 이루어지고 있었고 차 역시 이 길을 통해 유럽에 알려진 것이 아닌가 생각해 볼 수 있다. 그러나 중국의 차는 실크로드를 통하여 서역의 여러 나라로 전해졌으나 유럽까지 전해졌다는 확실한 증거는 보이지 않는다. 다만 9C경 무역상들에 의해서 중동으로 전해졌다는 기록은 있으나 그 후 중세를 통틀어 아라비아인들의 약물저서와 그 당시 중국을 여행한 유럽인의 저서 그리고 마르코 폴로Marco Polo가 쓴 『동방견문록』에도 차에 관한 언급은 남아 있지 않다. 유럽 사람들은 어떻게 차의 존재를 알게 되었을까? 유럽인의 서적에서 차에 관한 기록이 처음으로 등장하는 것은 그들이 해로를 통해 동양으로 진출한 이후이다.

1545년경 이탈리아의 지리학자 라무시오Giovanni Battista Ramusio(1485~1557)가

쓴 『항해기』속에 차에 관한 기록이 보인다.

"해지 마호메드로부터 중국의 사천성 사람들이 '차이'라는 허브를 복통과 통풍에 사용하고 있다는 이야기를 들었다. 중국에서는 도처에서 차를 마신다. 이 차를 공복에 한두 잔 마시면 열병, 두통, 위통, 옆구리와 관절통에 효과가 있다. 통풍은 차로 효과를 볼 수 있는 병 가운데 하나이다. 과식을 했을 때도 차를 달인 물을 조금 마시면 곧 바로 소화가 된다."

1560년경 중국을 방문한 최초의 포르투갈 선교사 가스파 다 크루즈Gaspar da Cruz(1520~1570)의 『중국지』에도 차에 관한 언급이 있다.

"중국의 지체 높은 집에 손님이 방문하면 차茶라는 일종의 음료, 그것은 쓴맛이 나고 붉은색이 나는 약이라는 음료인데 그것을 접시에 담고 다시 아름다운 바구니에 담아서 낸다."

네덜란드의 탐험가이자 지리학자인 린스호텐Jan Huyghen van Linschoten (1563~1611)은 1596년에 『동방안내기』라는 책에서 차에 대한 기록을 남겨 놓았다.

"식사 후 그들은 어떤 종류의 음료를 마신다. 이것은 작은 항아리에 담긴 뜨거운 물로 여름이건 겨울이건 참을 수 있을 정도로 뜨겁게 해서 마신다. (중략) '차'라고 부르는 약초를 가루로 만들어 맛을 낸 이 뜨거운 물을 그들은 대단히 중시한다. 재력이 있고 지위가 있는 사람들의 경우 모두들 이 차를 은밀한 장소에 두고 주인이 직접 관리한다. 친구나 손님을 융숭하게 대접하려 할 때에는 제일 먼저 이 뜨거운 물을 권할 정도로 소중하게 다룬다. 우리가 다이아몬드, 루비, 기타 보석을 귀중히 하는 것처럼 그들은 뜨거운 물을 펄펄 끓이거나 약초(찻가루)를 저장하는 데 사용하는 항아리(다호)와 차를 마실 때 쓰는 흙으로 빚은 그릇을 대단히 귀중히 여긴다."

린스호텐이 남긴 차에 대한 기술은 일본에 관련된 것 뿐으로 중국차에 관해서는 어떠한 기록도 찾아볼 수 없다. 그러나 이탈리아의 선교사 마테오리치Matteo Ricci(1552~1610)는 한 편지에서 "일본인은 찻잎을 가루 내어 2~3스푼 넣고 뜨거운 물을 부은 후 휘저어 마시는 반면 중국인은 찻잎을 뜨거운 물이 든 항아리에 넣어 우려 낸 후 뜨거운 물은 마시고 찻잎은 남긴다."고 적고 있는 것으로 보아 일본과 중국의 차음용 방법의 차이는 소개 되었던 것 같다. 이러한 기록들을 통하여보면 유럽 사람들에게 동양의 차는 16C경 병을 치료하는 '약' 또는 '귀한 손님을 대접하는 음료'로 알려졌음을 추측할 수 있다.

포르투갈, 아시아 바닷길을 열다 _

BC 2700년 신농 황제로부터 시작되는 중국의 차 문화는 중국인들의 식음료 전반에 영향을 미치게 되며 당나라 이후부터는 중국의 주요 교역품으로 자리 잡게 되었다.

중국차는 일찍이 5C 전부터 육로인 실크로드를 통해 서역 여러 나라에 전해졌었다. 그러나 16C 대항해시대에 선교사들과 상인들이 바다를 건너 동양으로 오기 전까지 홍차문화를 꽃피운 유럽에는 교역품으로 거래되지 않은 듯하다. 지중해시대를 마감하고 대서양과 인도양시대를 맞이해 동양 항로를 최초로 개척한 것은 포르투갈이었다. 1498년에 포르투갈의 항해사 바스코 다 가마Vasco Da Gama(1469-1524)가 희망봉을 돌아 인도로 가는 직항로를 발견하였다. 스페인은 아메리카 대륙을 발견하고 그곳으로 진출한 반면 포르투갈은 아프리카, 인도, 중국 등 동양으로 진출했다. 목표는 동방에서 생산되는 향료, 비단 등을 수입하여 비싸게 되파는 것이었다.

포르투갈의 인도양 항로 개척으로 오랫동안 지속되어 왔던 이탈리아와 아랍 중심의 무역시대는 막을 내렸다. 그리고 동방무역의 주요 도시는 베니스에서 리스본(포르투갈)으로 이동하게 되었다.

포르투갈은 스페인에 대한 독립전쟁 후 부상한 해상력을 동남아시아로 집중하며

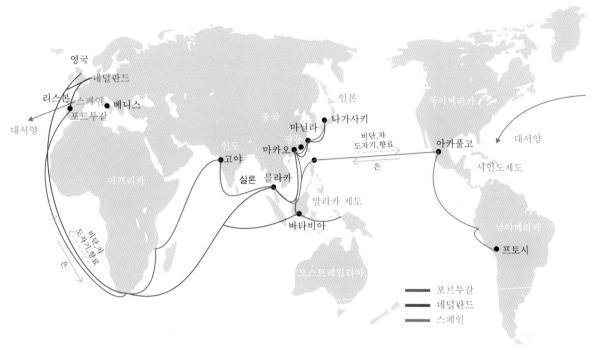

15~17세기의 교역망

홍
차
학
개
론

빠른 속도로 직수입을 위한 활로를 개척하였다. 무력으로 이슬람 상인의 세력들을 제압하고 1510년 인도 서해안의 고아Goa에 본거지를 구축한 다음, 실론Ceylon(스리랑카)과 자바Java(인도네시아)를 점령하여 이듬해에는 '향신료의 섬'이라 불리는 말라카 제도Malacca(말레이 제도)까지 세력을 확장했다. 그 후 중국 광동을 거쳐 마카오Macao를 중심으로 도자기와 비단, 향료 무역을 독점했다. 최종적으로 1541년에는 일본 나가사키長崎까지 활동을 넓히게 되었으며 마침내 그들은 차와 만나게 되었다.

동양의 차 , 국경을 넘다

▼

마카오를 근거지로 차를 수입한 포르투갈과 자바섬을 근거지로,
또 1610년 일본의 히라도로부터 반탐을 거쳐 차를 수입한 네덜란드에 의해
동양의 차가 드디어 국경을 넘어 유럽에 전해졌다.

동양의 차, 국경을 넘다 _

포르투갈이 동양의 특산물인 비단, 향료(후추) 등을 리스본 항구로 수입하면 네덜란드는 이들 특산물을 리스본으로부터 프랑스, 발트해 방면으로 운반하며 무역을 하였다. 포르투갈이 1595년에 리스본에서 네덜란드 선박을 축출하자 네덜란드는 독자적인 동인도 항로를 개척해야만 했다. 이듬해인 1596년에 네덜란드의 상선대는 인도네시아 자바섬의 반탐Bantam에 도착해 포르투갈로부터 향료의 주산지인 말라카 제도와 자바를 빼앗았다. 그리고 자바의 반탐Bantam을 동양 무역의 거점으로 삼아 일본, 중국으로 영향권을 넓히며 무역의 강대국이 되었다. 네덜란드는 1602년 여러 개의 선박 회사들을 합쳐 네덜란드 동인도회사를 설립하고 인도양 내에서 생산되는 상품들을 독점하였다.

네덜란드의 동인도회사는 1609년 일본 히라도平戸에 내항 후 이듬해인 1610년부터 히라도로부터 반탐을 거쳐 유럽으로 차를 수입했다. 이는 유럽으로 차를 가져간 최초라고 알려져 있다. 마카오를 근거지로 리스본까지 차를 수송한 포르투갈과 자바섬을 근거지로 차를 들여온 네덜란드의 동인도회사가 유럽에 차를 소개하면서 마침내 동양의 차가 바다를 건너게 되었다. 차보다도 향신료 수입과 선교에 더 중점을 두었던 포르투갈에 비해 네덜란드에서는 차가 이국적인 문화로 큰 인기를 얻게 되었다. 더불어 왕실과 상류층에서도 동양의 차 문화에 많은 관심을 갖게 되면서 특권 계층만이 누릴 수 있는 취미로 즐겼다.

유럽에서도 점차 차에 대한 관심이 증가하게 되었고 수입되는 양도 늘어났다. 17~18C에 걸쳐 유럽에 퍼진 쉬누아즈리Chinoiserie의 유행으로 1630년경부터 독일, 이탈리아, 프랑스 등을 비롯한 유럽 각국에도 차가 소개되었으나 유럽의 여러 나라 중 가장 관심을 가지고 차를 받아들인 곳은 영국이었다.

영국, 홍차시대를 열다 _

차茶가 언제 영국에 들어 왔는지에 대한 확실한 기록은 없으나 독일이나 프랑스와 비슷한 시기에 네덜란드를 통해 들어 온 것으로 추측되고 있다. 커피하우스에서 차를 처음으로 취급한 토마스 개러웨이Tomas Galloway는 1641년 이후 언젠가부터 영국에서 차를 음용한 듯하다"라고 하였다. 영국에서 차를 소개하기 위한 첫 번째 광고는 '차는 건강에 좋은 음료'라는 1658년 술탄 레드Sultan Red 커피하우스의 문구였다. 이를 감안한다면 1640~1650년 즈음에 차가 영국으로 들어왔으리라 짐작할 수 있다. 1662년 찰스 2세Charles II의 배우자인 캐서린 브라간자Catherine of Braganza가 영국으로 오기 전까지 차는 '동양에서 온 신기한 것' 또는 '약'으로 소개되었다. 찰스 2세는 망명지인 네덜란드 헤이그에서 성장했고 귀국해 왕이 됐을 때는 차를 마시는 습관이 몸에 배어 있었다. 캐서린 공주 역시 결혼 전부터 포르투갈에서 동양의 차를 마시는 것에 익숙해 있었다. 지참금으로 설탕과 차를 가득 싣고 온 그녀가 영국에 도착하자마자 한 일은 멀미를 가라앉히기 위한 한 잔의 차 마시기였다. 왕과 왕비가 궁중에서 차를 마시기 시작하자 귀족 사회에서도 차에 대한 관심이 높아졌다.

차의 수입량은 1660년에는 226*kg*이었고 1700년경에는 9톤 정도였으나 1721년경 기록된 공식적인 차 수입량은 453톤으로 점차적으로 증가하였다. 그럼에도 불구하고 차는 여전히 귀족들만이 즐길 수 있는 사치음료였다.

그 당시 영국은 중세 봉건체제에서 자본주의 시장경제로 전환하면서 많은 변화가 일어났다. 정치적으로 귀족중심에서 의회체제로 변했으며, 산업

캐서린 브라간자Catherine of Braganza

혁명의 성공으로 영국사회의 지배세력으로 중간계층이 성장했다. 경제구조는 농업에서 공업으로 전환되었고 알코올의 대체품으로 차가 소비되기 시작했다.

이러한 사회적 변화 속에서 1689년 영국에서도 자국의 동인도회사를 통하여 중국으로부터 차를 직수입하게 되었다. 그러나 차는 높은 세금으로 인하여 여전히 비쌌다. 당시 차 1파운드(약 0.454㎏)에 부과된 세금은 노동자의 평균 일주일 임금과 맞먹을 정도였다. 1784년 차에 부과되던 세금이 ¹/₁₀ 수준으로 낮아지자 차의 밀수와 위조는 줄어들고, 경제력이 생긴 중산층을 중심으로 차의 소비량은 급격히 늘어났다. 19C 중반 극빈층을 제외한 대부분의 가정에서도 기호식품으로 차를 즐기게 되었다. 그리고 산업혁명으로 인하여 도시로 몰려든 가난한 노동자들에게는 우유와 설탕을 넣은 따뜻한 홍차가 단백질과 당분을 공급하는 식량이기도 하였다.

대영제국의 홍차 탄생 _

영국에서 차는 이국적인 문화에 건강에 대한 효용이 있는 새로운 음료로 왕실과 귀족들 사이에서 크게 유행하였다. 특히 상류층 여성들을 중심으로 늦은 오후 5시 경 친구들을 초대해서 차와 케이크, 샌드위치 등을 함께 먹는 '애프터눈 티 파티'가 유행하게 되면서 홍차가 영국 귀족사회 문화에서 주요한 위치를 차지하게 되었다. 산업 혁명 이후에는 이러한 귀족문화가 일반 서민들 사이에도 유행하게 되었다. 차가 국민적인 음료로 보급되자 홍차 수요가 큰 폭으로 증가하면서 동인도회사의 차 수입량은 해를 거듭할수록 증대되었다. 그러나 수입한 차의 대가로 지불되는 은銀으로 인해 무역적자가 표면화되고 있었다. 이렇게 되자 1788년경부터 영국에서는 식민지내에서 차를 생산할 수 있는 지역을 찾자는 제안이 나왔고 1820년대에는 차 재배지로 인도 지역을 고려하자는 여론이 제기되었다. 1834년 동인도회사의 중국 무역 독점권과 차 전매 기간이 만료되면서 각국의 차 수입과 관련된 경쟁은 치열해졌고, 이에 영국 정부는 식민지였던 인도에서 본격적으로 차를 재배하고 가공하도록 지원하였다.

영국의 탐험가이자 식물학자인 로버트 부르스Robert Bruce소령이 1823년 아삼Assam 지방에서 원주민이 마시는 차를 보면서 아삼종 차나무의 존재를 알게 되었다. 그는 시브사갈Shivsagar에서 싱포족The Singpho 족장과 만나 지속적인 관계를 유지하며 차나무와 식물의 샘플을 얻어 연구를 시작했다. 그리고 그 내용을 남동생인 찰스 브루스Charles A. Bruce에게 전했다. 1824년 로버트 브루스가 아삼차의 발견자로 이름을 남기고 사망하자, 찰스 브루스는 형의 유지를 이어 아삼 지방의 밀림에서 농원을 설립해 차 재배에 대해 연구했다. 그 결과 1838년 최초로 아삼 지방에서 재배된 차가 완성되었다. 이른바 '대영제국의 차'가 탄생한 것이다. 그것은 아삼종의 잎을 원료로 하여 중국식 제조법에 따라 만든 녹차였다.

아삼에서의 차 생산 가능성을 확인한 많은 투자자들에 의해서 아삼컴퍼니라는 회사가 세워졌다. 아삼컴퍼니가 다원을 개척하기 시작하면서 인도 홍차 산업이 본격화 되는 듯 했으나 정작 아삼차 생산은 그로부터 약 20년 뒤에야 본격화되었다. 이후 가공공정의 기계화를 통해 품질이 향상되었고 영세한 규모로 차를 재배하던 중국차에 비해 더 싼 값에 비슷한 품질의 홍차를 공급할 수 있게 되었다. 영국은 수입에만 의존하는 단순한 소비국이 아니라 식민지를 통하여 홍차를 직접 생산할 수 있는 국가가 되었으며 인도를 비롯하여 방글라데시, 스리랑카로 점차 차의 재배지를 확장하였다.

영국의 홍차문화

17C 초 영국으로 건너 온 차는 100여 년 가까이 왕실과 상류층의 사치품이 었다. 그러나 18C 중엽부터 재력을 가진 중산층도 음다 문화를 즐기게 되었으며 사교의 음료로 발전하였다. 산업혁명이 완성된 19C 후반에는 일반 서민사회에도 차를 마시는 것이 일반화되어 차는 명실공히 영국의 '국민적 음료'로 뿌리를 내렸다. 영국에서 차는 '사치품'에서 '생활필수품'으로, 동시에 자본주의적 '상품'으로 변해갔다. 그리고 영국인들은 동양에서 건너 온 차에 자신들의 국민성과 문화를 조화롭게 융합하고 새롭게 탄생시키며 새로운 차 문화를 만들었다.

Garraway's 커피하우스

영국의 홍차 – 커피하우스 _

홍차의 나라라고 알려진 영국도 차 문화가 정착되기 전에는 네덜란드와 더불어 다량의 커피를 수입하여 소비하고 있었다. 당시의 커피는 가루 위에 그대로 물을 부어 만드는 쓴맛이 강한 농도 짙은 액체였다. 차보다 일찍 유럽에 소개된 커피는 이국풍의 신기한 음료로 시판되었으며 이 장소를 커피하우스라 부르게 된 것이다. 커피하우스는 커피 뿐 아니라 소르베(샤베트)Sorbet와 유럽 외부에서 수입된 음료인 차와 초콜릿 그리고 아메리카에서 수입된 새로운 기호품인 담배 등을 즐길 수 있는 장소였다. 뿐만 아니라 커피하우스는 계층의 문턱을 낮추며 차가 상류층의 사치품에서 모든 사람을 위한 건강음료로 알려지는 것에 일조를 하였다. 영국 최초의 커피하우스는 1650년 무역상이었던 제이콥이 옥스퍼드에 연 작은 가게가 시작이었다. 그로부터 2년이 지난 1652년 런던에도 파스카 로제Pasqua Rosee라는 커피하우스가 문을 열었다. 이후 전국적으로 퍼져 나가 1700년 전후에는 2,000여 개의 커피하우스가 생겨났다가 사라지면서 영국의 역사를 바꾸는 장소가 되었다. 담배와 커피를 취급하던 토마스 개러웨이는 1657년 자신의 이름을 딴 개러웨이Garraway's라는 커피하우스에서 외국으로부터 들여온 차를 일반에게 판매하였다. 차가 유럽에 처음 소개되었을 때에는 차는 쓰지만 신통한 약이자 동양의 신기한 음료로서 인식되었으며 맛보다는 질병의 예방과 치료에 효과가 있는 음료로 알려졌다. 1660년 개러웨이는 그의 커피하우스에 차의 효능을 적은 포스터를 제작하여 한쪽 벽면에 붙였다. 주된 내용은 '차는 정력 증진에 좋고 폐렴과 감기 등 14가지 증상을 치료할 수 있으며 차를 마시면 놀라울 정도로 장수할 수 있다'고 소개하고 있다. 현재의 관점에서는 차를 거의 만병통치약으로 홍보하는 과장광고로 보이지만 이 작은 종이는 차에 관한 최초의 광고지로 유명하다. 커피하우스는 1페니Penny의 입장료만 내면 모든 계층의 사람들이 입장하여 사람을 만나고 차를 마시는 현재의 카페의 개념을 넘어서 누구나 목소리를 낼 수 있는 자유로운 토론장이었다. 이 곳에서는 음료를 마시며 장시간 동안 다양한 주제의 토론을 경청할 수 있고 온갖 정보를 얻을 수 있어 한때 '1페니의 대학One Penny University'이라 불리기도 했다. 1페니만 내면 소득이 낮은 손님도 이용할 수 있어 여러 계층이 섞일 수 있는 새로운 현상이 생겼으며 이는 민주주의가 태동하는 계기가 되었다. 그리고 신문, 잡지 등에 기고하면서 생계를 꾸리는 문인들이 커피하우스에 모여들면서 영국 문단이 탄생하였다. 영국의 대표적인 과학자들의 모임인 왕립협회Royal Society of London for Improving National Knowledge나 전 세계 선박회사, 항공사, 보험회사들의 최종적인 보험회사인 로이드사Lloyd's of London 등은 영국의 작은 커피하우스에서 시작되었다. 또한 커피하우스는 여당에 반대하는 야당의 목소리를 높이는 정치의 장이기도 하였다. 17C 런던 웨스트민스턴의 커피하우스 터번Turk's Head에서 의회파인 휘그Whig당의 지지자들은 왕당파인 토리Tory당에 맞설 태세를 갖추고 있었다. 이 때문에 커피하우스가 과격한 사상이나 혁명의 온상이 되는 것을 우려한 찰스 2세는 1675년 폐쇄령을 공포했으나 시민들의 거센 반발로 인해 명령을 철회하기도 하였다. 과도한 정치적 개입은 민중을 더욱 자극하였고 파리로까지 옮겨진 열기는 시민계급의 의식을 바꾸는 계기로 작용하여 마침내 프랑스 혁명의 원동력이 되었다.

18C 초 영국의 커피하우스는 문학과 과학 뿐 아니라 정치와 상업의 중심지였고 또한 남자들만의 장소였다. 당시의 커피하우스는 여성의 출입이 엄격히 금지되었다. 간혹 커피하우스에 여성들이 고용되는 경우가 있기는 했으나 출입구 앞에서 호객행위를 하는 정도였으며 실내에서 서빙을 보는 여성들은 남장을 해야만 했다. 여성들의 자유로운 외출이 허용된 곳은 교회나 가족들이 모두 모이는 모임 정도였다. 영국에서는 1674년 남편들이 커피하우스에서 너무 많은 시간을 보내면서 가정을 등한시 한다는 이유로 한 여성단체에서 60세 이전의 남성들은 커피하우스 출입을 금해달라는 청원서를

냈다. 이것은 청원서라기보다는 전단지 형태로 만들어 익명으로 런던 시에 투고를 한 것이었다. 이 청원請援은 커피하우스의 운영자와 애호가들의 강한 반발에 부딪쳐 받아들여지지 않았지만 이 해프닝을 계기로 영국의 여성들은 다른 유럽 국가들의 여성에 비해 비교적 일찍 커피하우스를 드나들 수 있었다. 1717년 토마스 트와이닝은 혁신적인 가게 '골든 라이언Golden Lion'을 열어 여성들도 자유롭게 커피하우스에서 직접 차를 고르고, 마시며 홍차 문화를 향유할 수 있게 했다. 이후 프랑스와 독일에서도 커피 하우스에 여성들의 출입은 허용되었으나 이는 영국보다 거의 1C 이상 뒤처진 것이었다. 상공업의 비약적인 발달과 불안정한 정치적 상황 속에서 다양한 취향의 사람들이 모이던 커피하우스는 사람들에게 정보 교환과 사교의 장이 되어 100여 년간 유행하였다. 그러나 사회가 안정되기 시작하자 사람들은 점차 다양한 계층의 사람들을 만나 의견을 교류하는 커피하우스보다 자신의 취향과 사회적 위치가 비슷한 사람들이 모이는 사교모임을 더 선호해 커피하우스는 점차 쇠퇴하기 시작하였다. 이러한 폐쇄성과 더불어 커피하우스 내에서 점차 술과 도박이 난무하게 되었다. 사람들은 이렇게 변해버린 커피하우스를 '초콜릿하우스'란 이름으로 부르며 이전의 커피하우스와 구분 짓기도 하였다.

차를 독점하다 - 동인도회사 _

유럽의 초기 차 문화를 논할 때 반드시 거론되는 동인도회사는 영국, 네덜란드, 프랑스 등 유럽의 각 나라가 인도 및 극동 지역과 원활한 무역을 하기 위해 설립한 무역회사다. 그 중 가장 강력한 영향력을 발휘하며 대영제국의 건설에 일조한 곳이 바로 영국 동인도회사다. 영국 동인도회사는 네덜란드

동인도회사 동전

보다 앞선 1,600년 12월 31일 엘리자베스 1세의 특허를 받고 설립되었다. 본거지가 중국이 아닌 인도였던 이 회사는 영국 정부의 날인증서와 무역법에 의해 보호를 받으며 극동무역의 독점자가 되었고 후반에는 정치적 성격까지 띠게 되었다. 동인도회사는 처음에 동인도의 향료무역에 참여하기 위해 만들어졌으나 18C 이후에는 차 수입이 주류를 이루게 되었다. 맨 처음 유럽에 차를 수입한 나라는 네덜란드였다. 영국 동인도회사도 1669년부터 차 무역을 시작하였는데 포르투갈이나 네덜란드의 무역선에서 차를 수입해 영국으로 가져갔다. 1689년부터는 영국이 직접 중국과 차 무역을 시작하면서 많은 양의 차가 커피하우스와 차 상인들을 통하여 판매되었다. 1730년에서 1790년 사이의 차 수입량은 연간 약 450톤에서 약 9,000톤으로 증가하였다. 차는 동인도회사의 가장 중요한 수입원이었고 차 사업의 확장은 막대한 세수의 원천이 되었다. 동인도회사의 효율적인 상업 활동 덕분에 회사 뿐 아니라 정부에도 막대한 이

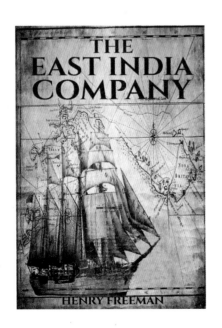

득을 주었다. 영국은 1763년 7년 전쟁Seven Years'War에 승리를 거뒀지만 전쟁의 후유증으로 현금부족과 막대한 부채를 떠안게 되었다. 또한 동인도회사는 홍차를 너무 많이 매입해서 파산에 이를 지경이었다. 영국 정부는 두 가지 문제를 한 번에 해결할 방안을 모색했다. 동인도회사가 미국 식민지에 초과분의 차를 수출하여 밀수꾼의 차보다 더 낮게 팔도록 허가하고 거기에 세금을 매기는 차조례를 발표했다. 이 법률은 밀수꾼과 식민지 주민에게 강력한 반발을 야기하여, '보스턴 차 사건'을 일으켰고 미국 독립전쟁의 발단이 되었다. 그 후 영국은 아메리카 식민지를 잃게 되었을 뿐만 아니라 남아메리카의 은銀 공급처도 잃게 되었다. 동인도회사와 정부는 결국 미국이 아닌 동양의 중국과 인도에 관심을 돌릴 수밖에 없었다.

동인도회사는 인도 식민지 관리에서 발생한 막대한 비용과 중국과의 차 무역에서 생긴 엄청난 은 유출로 인한 손실을 대체할 상품으로 아편을 이용했다. 아편은 가볍고 쉽게 상하지 않고 수익성이 높아서 무역 상품으로 매우 이상적이었다. 아편과 차를 교역한 수익으로 동인도회사는 채무를 청산하고 국가에 관세를 납부하게 되었다. 그 세수의 규모는 영국 재정 수입의 $\frac{1}{10}$에 달했다. 동인도회사는 차를 대신한 사업을 이용해 '한 나라를 마약 생산자'로 '다른 나라는 마약 소비자'로 만들어 양쪽에서 막대한 수익을 끌어내었고 종당에는 아편전쟁을 불러일으켰다.

캐서린 왕비 – 왕실과 상류 계층에 차 보급

17C 초 차와 설탕은 여러 질병에 대한 특효약으로 알려졌다. 약이었던 차가 음료로 변화하게 된 계기를 만든 사람은 찰스 2세에게 시집온 포르투갈 왕의 딸 캐서린Catherine of Braganza(1638-1705)왕비이다. 청교도 혁명에 의해 공화제가 끝나고 왕정이 복고되면서 왕이 된 찰스 2세는 네덜란드가 동인도제도를 독점하는 것을 막기 위하여 포르투갈과 정략적 혼인을 하였다. 캐서린은 결혼 지참금으로

차만 가지고 온 것이 아니라 홍차와 관련이 있는 두 가지를 가지고 왔다. 하나는 포르투갈 영토인 인도의 봄베이Bombay이고, 다른 하나는 차만큼 귀했던 설탕이었다.

포르투갈 영토인 봄베이는 동인도회사가 인도 제국을 건설할 때 전초기지가 되어 훗날 대영제국 홍차The Empire Tea를 생산케 하는 발판이 되었으며, 설탕은 영국식 홍차문화를 형성하는데 결정적인 구실을 한 재료이다. 동양으로의 진출이 영국보다 빨랐던 포르투갈은 왕실에서 이미 차를 마시고 있었고 캐서린도 결혼 전부터 차를 즐기고 있었다. 결혼 후 그녀는 귀족 친구들을 왕실로 초대해서 함께 차를 즐겼다. 다회에 초청되었던 귀족 여성들은 차에 대하여 호기심을 가지고 왕비의 취미를 따라 하고자 하였다. 캐서린의 생일을 축하하는 자리에서 궁정시인 에드먼드 위러는 차를 칭송하는 시를 지어 여왕에게 헌상하기도 하였다. 이렇게 되자 상류 계층의 여성들 사이에서도 점차 '차 마시기'가 유행하기 시작하였다.

그녀가 혼수품으로 가지고 온 차와 설탕은 향신료처럼 고급스러운 재료

찰스 2세Charles Ⅱ 와 캐서린Catherine of Braganza

였다. 자국에서는 구할 수 없었던 중국에서 온 차와 아메리카에서 건너온 설탕을 함께 넣어 즐긴다는 것은 최고의 사치로 간주되어 차 마시기는 왕실과 부유층만이 누리는 문화가 되었다. 18C 중반까지도 차는 여전히 부와 권력 과시의 상징물이었으나 '약으로의 차'가 아닌 '음료로서의 차'가 된 것은 캐서린 왕비에 의해서라고 할 수 있겠다. 왕비 캐서린Catherine of Braganza(재위 1662~1685)은 매일 차를 마셨고 많은 상류 사회 여인들은 차를 좋아하는 왕비와 티 룸에서 차를 마실 수 있는 기회를 영광으로 여겼다. 캐서린 왕비로부터 시작된 왕실 음다 습관은 메리 여왕과 앤 여왕으로 이어지면서 상류층에 확산되었으며 영국의 새로운 풍습으로 정착되었다.

명예혁명(1688년) 후 여왕이 된 메리Mary(재위 1689~1694)도 네덜란드로부터 차, 자기, 칠기 등을 수입하고 동양적 문화를 즐겼다. 특히 1689년 영국의 동인도회사가 중국과 직접 무역을 할 수 있게 되자 영국 왕실을 중심으로 중국적 취미인 쉬누아즈리Chinoiserie가 급격히 고조되었다. 차를 마실 때는 중국의 자기磁器 찻잔과 의흥宜兴산 다관을 갖추고자 하였고, 이는 상류층 가정으로 이어져 중국풍의 격식을 갖추어 차를 마시는 것이 하나의 신분 상징Status Symbol처럼 생각하는 풍조가 만연하기 시작하였다.

메리 여왕의 뒤를 이은 앤 여왕Queen Anne(재위 1702~1714)도 동양적 취미에 심취해 차를 즐겼다. 미식가였던 여왕은 아침 식사에 차를 곁들임은 물론 하루에도 몇 번씩 규칙적으로 차를 마셨다. 그녀가 마셨던 차의 양은 작은 크기의 의흥宜兴 다관으로는 모자라 은으로 된 커다란 찻주전자로 교체해야 할 정도였다. 또한 거주지 중 하나인 윈저성에도 차실을 따로 마련하고 자주 궁중 다회를 열었다. 여왕들의 음다 습관으로 차는 최신 유행 음료로 궁정에서부터 상류 계층 사이에 빠르게 퍼져나갔고, 영국의 귀부인들 사이에서는 중국산 작은 자기잔盏에 중국차를 담아 마시는 것이 하나의 풍속이 되었다. 18C 중엽에 이르자 차는 왕실에서 상류층 가정 속으로 깊숙이 스며들어 동양의 차가 종래의 알코올음료를 대신하게 되었다.

상류층의 차 생활을 보여주는 그림 _ 두 여인과 장교Two Ladies and an Officer at Tea, 작가미상(1715)

당시 영국에서 차를 마신다는 것은 곧 왕실에서 이루어지는 '고품격의 취미'를 즐긴다는 것을 의미했으므로 상류층의 여성들 뿐 아니라 젠틀맨 계급이라 일컬어지던 남성들 사이에서도 크게 유행되었다. 2차 세계대전이 일어나기 전까지만 해도 상류사회 귀족들의 식사패턴은 아침과 저녁은 정찬을 하고 점심은 가볍게 먹는 것이 보통이었다. 저녁 정찬에는 손님을 초대해 음악회나 연극제, 공연 등을 열었다. 이 때문에 주로 오후 8시 이후가 되어야 본격적인 저녁 식사가 시작되었고, 식사 이후에는 남녀가 각각 다른 공간에서 시간을 보냈다. 남성들은 담배를 피우며 커피나 차, 코코아와 같은 음료에 술을 타서 마시면서 정치와 경제를 논했고, 여성들은 응접실이나 휴게소에서 설탕을 넣은 차를 마시면서 담소를 즐겼다. 이것은 하루를 정리하며 마시는 애프터디너 티Afterdinner Tea의 시작이 되었다.

애프터눈 티Afternoon Tea - 안나 마리아Anna Maria _

애프터눈 티는 19C 초 제7대 베드포드 공작의 부인 안나 마리아Anna Maria 에 의해서 시작되었다. 그녀는 아침과 저녁 사이에 간단하게 때우는 점심으로는 부족해 늦은 오후에 버터를 바른 빵과 차를 마셨다. 저녁 식사 이전에 요기를 때우려 했던 그녀의 가벼운 식사는 오후마다 친구들을 초대해 자신의 저택 '푸른 응접실Blue Dining Room'에서 다과를 즐기는 시간이 되었다. 이러한 애프터눈 티문화는 상류층 여성들을 중심으로 영국 전역으로 퍼져 나갔다. 늦은 저녁이 준비될 때까지 그들은 차를 마시며 사교의 모임을 가졌다. 실내에서만 국한되었던 애프터눈 티 파티는 점차 장소를 가리지 않고 응접실 뿐 아니라 정원과 같은 야외에서도 열렸으며 생일이나 결혼과 같은 행사와 함께 대규모로 진행되기도 하였다. 이러한 분위기 속에서 애프터눈 티가 열리는 장소와 상황에 맞는 예절이나 규범이 생겨나고 그에 따른 다복Tea Gown이나 티웨어도Tea Wares 만들어 졌다.

다양한 유형의 애프터눈 티가 유행한 것에는 차를 몹시 사랑했다는 빅토리아Victories(재위 1837~1901)여왕의 영향이 컸다. 64년간 영국을 통치한 여왕은 1865년부터 버킹엄 궁전에서 애프터눈 티타임 리셉션Re-ception을 베풀며 국가적인 행

19세기 애프터눈 티파티

사를 국민에게 알렸다. 그리고 여왕의 통치 후반기인 19C 말에는 애프터눈 티가 온 국민이 즐기는 티 문화가 되었다. 시골 동네에서 이웃끼리 만나는 소박한 만남부터 귀족사회의 화려한 행사에 이르기까지, 다양한 애프터눈 티타임이 공존하며 차는 그야말로 진정한 의미로 국민의 음료가 되었다. 애프터눈 티는 영국인의 저녁 시간이 점차 당겨짐에 따라 매우 간소해지거나 혹은 디저트를 겸한 식사 등 다양한 형태로 변모하고 있으며, 지금은 현지인보다도 영국을 방문한 관광객들이 전문 티룸Tea Room이나 호텔에서 즐기는 영국의 대표 문화가 되었다.

하이 티High Tea, 티 브레이크 타임Tea Break Time _

하이 티High Tea는 우아하고 세련된 귀족들의 애프터눈 티와는 달리 노동자 및 하층 계급에서 널리 퍼진, 19C에 생긴 새로운 차 문화이다.

노동자들이 힘든 노동을 마치고 집으로 돌아와 허기진 배를 달래며 빵과 함께 커다란 찻주전자에 많은 양의 차를 끓여 마시기 시작함으로 형성되었다. 저급의 거친 찻잎으로 우려냈지만 딱딱하고 차가운 빵을 금세 촉촉하고 따뜻한 빵으로 바꾸어 주는 한 잔의 차는 19C 영국의 노동자들에게 식량과도 같은 음료였다.

19C 영국은 농업 시대에서 산업 혁명의 시대로 접어들면서 여성들도 가정

주부가 아닌 공장 노동자가 되어 출·퇴근을 할 수밖에 없었다. 공장 일을 마치고 집으로 돌아왔을 무렵인 저녁 6~7시에는 모두 배가 고팠다. 대부분의 노동자 계층의 가정에서는 변변한 주방시설 없이 음식을 데우거나 물을 끓일 수 있는 화덕 밖에 없었기에 미리 조리한 고기와 빵, 상점에서 사온 파이, 베이컨, 감자튀김 등을 따뜻한 차와 함께 먹으며 배부르게 저녁 식사를 하였다. 이렇게 노동자와 하급계층에서도 부담 없이 차를 마실 수 있었던 것은 차의 관세 인하와 더불어 1860년 무렵부터 영국의 식민지인 인도와 스리랑카에서 수입하기 시작한 홍차가 중국홍차를 대체하며 차의 가격이 하락하였기 때문이다. 이에 따라 밀수차와 위조 혼합차는 자연스럽게 사라지며 홍차문화는 더욱 빠르게 대중화 되었다.

하이 티High Tea라는 용어는 노동자계층이 식사하는 부엌에 있는 높은 식탁과 의자에서 유래한다. 그리고 상류층이 즐겼던 애프터눈 티는 로우 티Low Tea라고 하기도 한다. 이는 저녁 정찬 전에 갖는 애프터눈 티타임은 생활의 여유를 가진 사람들만이 깊숙이 앉을 수 있는 소파에 앉아 낮은 접대용 탁자에서 차를 마시기 때문이었다. 하이 티는 노동자계층의 식사문화였지만 생활패턴의 변화에 따라 모든 사회계층에게 받아들여져 수많은 변용이 생겨나게 되었다. 하이 티의 가장 큰 장점은 '식사를 겸한다'는 의미 때문에 시간과 격식에 얽매이지 않고 누구나 즐길 수 있다는 것이었다.

산업혁명으로 새롭게 등장한 노동자계층은 고된 노동과 비참한 생활을 잠시라도 벗어나려고 술을 마셨다. 그들은 공장에서 일하는 중간에도 수시로 맥주나 진Gin을 마셨고 술에 취해 기계를 다루다가 다치는 일도 빈번했다. 적은 임금으로 많은 노동력을 필요로 했던 공장주들은 노동자들의 쉬는 시간에 알코올음료가 아닌 차를 지급하기 시작하였다. 차를 마시며 휴식을 취하자 노동자들의 작업 능률이 오르고 생산성도 높아졌다. 현대 사회의 학회나 회의 중간의 티 브레이크 타임Tea Break Time은 여기에서 유래된 것이다.

차의 전쟁, 세계사를 바꾸다

보스톤 차 사건 (1773) - 미국 독립전쟁의 도화선

모든 식민지 주민들이 그랬던 것처럼 미국인들도 본국의 유행을 따라 하고 젠틀맨이 되려고 애썼다. 1674년 영국이 네덜란드로부터 뉴 암스텔담을 빼앗아 뉴욕이라는 새 이름을 붙였을 즈음, 식민지 미국인들은 영국 전체 국민이 마시는 양보다 더 많은 양의 차를 소비하고 있었다. 런던을 흉내 낸 뉴욕시는 수많은 커피하우스와 티가든의 설립을 지원했다. 대도시 뿐만 아니라 지방 소도시 지역에서도 차 마시기는 식민지 미국인들의 습관이 되어 있었다.

유럽대륙에서 '7년 전쟁'이 일어나자 미 식민지에서도 영국과 프랑스가 대립하게 되었다. '프렌치-인디언 전쟁French and Indian War'이라 불리는 9년간의 전쟁 끝에 영국은 미 대륙에서 프랑스 세력을 모두 몰아내고 패권을 확립하는 데 성공하였다. 전쟁 중에 지게 된 막대한 채무와 새롭게 획득한 영지를 지배할 비용을 이끌어내는 일 때문에 고심하던 영국은 그 비용을 식민지에서 충당하기로 하였다. 13개 식민지가 영국이 아닌 프랑스와 밀무역을 하고 있었던 사실도 이러한 결정에 영향을 미쳤다. 조지 3세George Ⅲ는 왕권을 강화하기 위하여 "식민지의 방위비는 식민지에서 부담해야 한다"고 결정하면서 관세 징수를 엄하게 하는 한편 지방세를 올리게 되었다. 1762년 5월 종이, 유리, 차 등에 대한 수입세 징수를 위한 법률인 타운젠트 법안Townshend Acts이 제정된 후 차에 대해 무거운 세금이 부여되자 차가 일상생활이 된 미국인들의 반발이 강력해졌다. 미국인들은 영국 제품 불매 운동을 벌이는 한편 모든 수입품에 대해 국산대체품을 만들어 냈다. 차도 수입차 대신 자국에서 생산되는 식물을 이용한 대용차를 만들어 내면서 강력히 반발하였다. 뿐만 아니라 관세를 피하기 위해 보스턴 상인들 사이에서 네덜란드 밀수업자들을 통해 차를 공급받는 밀수가 성행하게 되었다.

영국의 일방적인 식민지 관세 정책은 대의권 조차 없던 미국인들의 분노감을 증폭시켰다. "대의권이 없으면 납세 의무도 없다"는 명분을 내세우며 이에 대해 격렬하게 저항하였다. 반발이 격렬해지자 프레데릭 노스Frederick North 영국 수상은 차를 제외하고 타운젠트법으로 부과된 모든 관세를 폐지하였다. 설상가상으로 영국의 동인도회사는 홍차를 너무 많이 매입해 경영에 위기를 맞이하게 되었다. 영국 정부는 식민지 상인의 차 무역을 전면 중단시키고 동인도회사에 무역의 독점권을 넘겨주는 '차조례'를 제정하여, 경영난에 빠진 동인도회사에게 무관세로 북미 식민지에 차를 독점할 수 있는 권리를 부여했다. 이리하여 차를 가득 실은 다트마스호(114상자), 비바호(112상자), 윌리암호(58

상자)가 대서양을 횡단하게 되었다. 이에 영국의 관세 정책에 밀수로 재미를 보고 있던 미국 내의 상인들은 크게 반발했다.

미국인들은 1773년 12월 16일 인디언으로 위장하여 보스톤 만에 정박 중인 동인도회사의 선박을 습격했다. 영국 배에 올라가 7,500달러에 상당하는 차 상자를 모두 바다에 던져 버렸다. 이것이 바로 '보스턴 차 사건Boston Tea Party'이다. 이를 계기로 영국 정부에서는 보스턴으로 함대를 보냈다. 그 후 식민지 각처에서 수 개월간 보스톤 차 사건을 본뜬 소규모의 차 사건이 일어났다. 뉴저지의 그린위치에서도, 사우스 캐롤라이나의 찰스턴에서도, 메릴랜드의 체스터 타운 시민들도 보스톤을 따라서 차를 수장시켜 버렸다. 뉴욕 시민들도 애니폴리스에서 배와 차를 파괴하고 불태웠다. 이것은 1775년 미국의 독립 전쟁이 일어나게 하는 하나의 원인으로 작용했다. 열광적인 차 애호가였던 미국인들은 불과 몇 년 사이에 차를 끊어 버렸다. 오늘날 미국은 차 수입에 대해서는 관세를 하지 않는다. 선조들의 차에 대한 반대 운동으로 독립을 누리게 되었으니 어쩌면 당연하다 할 것이다. 보스턴 항에 정박되어 있던 차에 대한 원망 때문이었을까? 오늘날 미국인들은 홍차 대신 커피를 더 선호한다.

아편전쟁Opium War (1839)
중국, 홍콩을 양보하다 _

17~18C 중국과 유럽의 무역을 한 마디로 규정하면 '사치품의 교환'이라 할 수 있다. 유럽사람들에게 사치품으로 느껴진 중국산 물품, 즉 비단, 차, 도자기 등이 금, 은, 시계와 교환되어 동양에서 서양으로 운반되어 왔다. 1793년 영국 국왕 조지 3세는 조지 매카트니George Macartney를 특별 사절단의 특사로 임명해 북경으로 파견하여 무역항을 늘리고 행상의 무역 독점

을 폐지 해 줄 것 등을 요구했다. 그러나 청의 건륭황제는 다음과 같이 답신했다.

"중국은 물산이 풍부하여 국내에 없는 것이 없다. 또한 중국에서 생산되는 차, 도자기, 비단 등은 서양각국의 필수품이므로 광동에서 무역을 허락하여 필수품을 공급해 줌으로써 천조天朝의 은혜를 베풀 따름이다."

건륭 황제의 답변은 기본적으로 중국에게는 무역이 필요치 않다는 것을 밝히고 있다. 그러나 천조의 은혜를 누리던 청나라가 개항을 하게 되었으니 그것은 다름 아닌 '아편'으로 인한 것이다. 18C말 영국의 동인도회사가 중국으로부터 막대한 양의 차와 비단, 도자기 등을 수입하는 데 비해 영국에서는 수출할 적당한 물품이 없어 전체적으로 상당한 편무역을 하고 있었다. 영국은 수입품의 증가와 함께 대량의 은이 유출되어 국내에 은 부족 현상이 심각했다. 더구나 영국정부가 미국 독립 전쟁에 대처할 군비 재원을 위해 종래

● 청과 영국의 무역

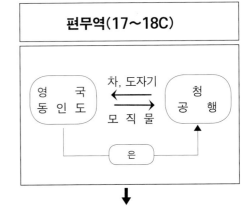

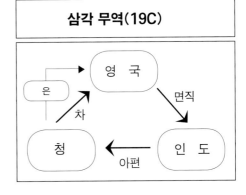

64%이던 차의 관세를 119%로 올리는 바람에 차의 밀수가 횡행하여 그 밀수량이 정규 수입량과 맞먹을 정도였다. 이렇게 되자 영국 정부는 밀수를 방지하기 위해 관세를 낮추는 조치를 취했다. 1784년 차의 관세를 119%에서 12.5%로 낮추자 밀수의 상당부분을 막을 수 있었으나 '차 가격하락 → 소비 증대 → 은 유출의 증대'라고 하는 또 하나의 모순을 낳았다.

은을 대신할 수 있는 물품을 찾아내는 것이 무엇보다도 시급한 문제로 떠올랐다. 그래서 채택된 정책이 인도 물산인 아편을 중국에 수출하여 다시

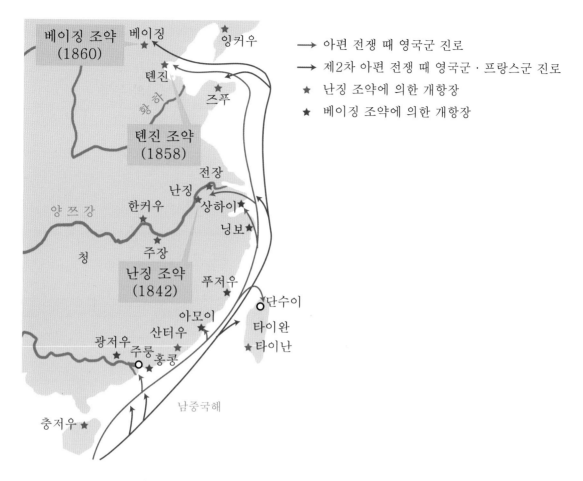

은을 획득하는 방법이었다. 중국의 아편 수입은 1767년에 1,000상자였던 것이 1780년에는 약 10만 상자로 급속하게 증가했다. 아편의 비정상적인 증가는 중국으로 유입되던 은이 도리어 영국으로 대량 유출되는 문제를 야기 시켰다. 또한 늘어나는 아편 중독자들로 인해 중국 사회는 큰 혼란을 맞게 되었다. 청나라 정부는 1727년에 칙령을 내려 아편 단속을 강화하지만 실효를 거두지 못하였다. 아편의 사용과 수입에 대한 중국 정부의 강력한 형벌에도 불구하고 불법거래는 계속되었다.

1838년 청나라는 아편금지를 발표하지만 뇌물을 받은 관리들과 상인들의 불법적인 거래에 의해 상황은 더욱더 심각해졌다.

1839년 청의 관리 임칙서林則徐는 아편 금지 명령을 받고 광저우에서 아편

2,000상자를 몰수한 뒤 소각해버렸다. 이에 대한 영국의 보복으로 일어난 전쟁이 아편전쟁Opium War(1839~1842)이다. 이 전쟁에서 중국은 영국에 패하여 1842년에 굴욕의 남경(난징)조약을 맺었다. 홍콩을 영국에 양도하고, 군비와 아편 배상금을 지불하고 광동(광저우), 하문(아모이), 복주(푸저우), 영파(닝보), 상해(상하이) 등 5개 항을 개항하고 이들 항구에서 영국 상인의 거주와 상업의 자유를 인정하였다. 남경조약의 체결은 중국 역사에서 굴욕적인 사건인 동시에 차의 세계사라는 측면에서 볼 때는 중국의 문호를 개방하는 하나의 전환점이 되었다. 이후 1844년에는 미국과 프랑스가 청나라와 통상조약을 맺어 홍차 무역은 자유 경쟁 시대를 맞이하게 되었다.

티 레이스Tea Race - 차 운반 경쟁

차 운반 범선이 차를 알리는 중요한 광고 수단이 됨

19C 차의 대중화와 함께 영국인들은 중국에서 들어온 신선한 차에 대한 열망이 생겨나기 시작하였다. 1830년대까지 영국에 들어오는 모든 차는 공식적으로 동인도회사만이 독점적으로 수입하였다. 경쟁의 필요성을 느끼지 못했던 동인도회사는 중국으로부터 런던으로 향하는 배의 속도에는 큰 관심을 두지 않았다. 그러나 1833년 동인도회사의 독점권이 폐지되고 무역이 자유화되자 새로운 차 무역상들이 생겨났으며 런던 뿐 아니라 지방 항구에서도 중국과의 차 거래를 위한 범선이 출발했다. 또한 1849년 항해조례가 폐지되면서 영국이 아닌 다른 나라의 배도 항구에 정박을 할 수 있게 되자 막대한 이윤을 남길 수 있는 차의 자유경쟁에 박차가 가해졌다.

차의 가치는 말할 것도 없이 햇차의 신선한 향에 있다. 런던의 경매 시장에서 첫 물차는 가장 높은 값으로 매겨졌다. 이로 인해 각국의 배가 중국에서 런던까지 얼마나 빠르게 차를 운송하는지가 경쟁의 쟁점이 되었다.

당시 동인도회사의 배는 함선으로서의 역할이 컸기 때문에 전투력은 뛰어났으나 속도가 느린 반면 미국이 개발한 신형 범선인 클리퍼Clipper는 선미船尾가 길고 오목하여 빠른 속도를 낼 수 있었기에 신선한 차를 위한 운반에 사용되기 시작하였다. 동인도회사의 선박이 차와 차용품을 싣고 중국에서 런던항까지 오는데 걸리는 시간은 보통 12~15개월까지 걸렸다. 그러나 1850년 12월에 미국에서 건조建造된 쾌속 범선인 오리엔트호가 1,500톤의 차를 싣고 홍콩에서부터 95일이라는 기록적인 속도로 런던 항구에 도착하였다. 비싼 운송료에도 불구하고 배에 실린 차의 양은 이전의 영국 범선의 2배 가까이 되었기에 대부분의 영국의 차 상인들은 오리엔트호와의 거래를 선호하게 되었다. 이에 자극받은 많은 영국의 선박 회사들도 성능이 뛰어난 쾌속 범선의 건조에 열을 올렸다. 이른바 클리퍼시대의 막이 열리고 본격적인 티 레이스Tea Race가 시작된 것이다. 쾌속선Clipper에 의한 티 레이스는 1850~60년대에 최고조에 달했다. 얼마나 빨리, 얼마나 많은 양의 차를 운반해 오는가는 신분과 상관없이 내기를 좋아했던 영국인들에게는 매우 흥미 있는 레이스였으며 햇차를 가장 먼저 런던에 가져온 선주와 선원에게 걸린 상금도 경주의 열기를 고조시켰다. 당시 항구와 선술집에는 언제 입항할지 모르는 클리퍼를

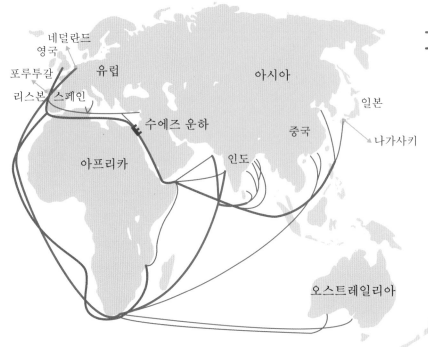

네덜란드
영국
포루투갈
리스본 스페인
유럽
아시아
수에즈 운하
일본
중국
나가사키
아프리카
인도
오스트레일리아

수에즈 운하 개통 전·후 항로

기다리는 사람들로 가득했다고 한다. 그러나 1869년 동방 교역의 항로는 지중해와 홍해, 인도양을 잇는 수에즈 운하Suez Canal의 개통으로 런던에서 인도 봄베이까지 21,400Km에서 11,472Km로 단축되었다. 좁고 긴 운하를 통과하기 위해서 범선에서 증기선蒸氣船의 시대로 변했고, 중국에서 런던까지 3개월 정도 걸리던 것이 28일로 단축되면서 차 운반 경쟁도 막을 내리게 되었다. 더불어 영국에서는 인도의 아삼지방에서 차 재배에 성공하여 많은 홍차가 생산되었기에 중국과의 차무역은 사양길에 접어들 수밖에 없었다.

우리에게 스카치 위스키 이름으로 알려진 커티샥Cutty Sark호는 세계에서 가장 빠른 범선이면서도 처녀항해를 한 그해 수에즈 운하가 개통되어 본격적인 레이스에 참가하지 못했던 비운의 클리퍼였다. 그러나 10년 이상 영국과 호주와의 최단시간을 기록하며 양모 무역을 하였고 지금은 현존하는 유일한 쾌속 범선으로 그리니치 타운의 박물관에 복원되어 당시의 역사를 전해주고 있다.

Chapter 2.

홍차학개론

홍차의
도자사

...

Chapter II. 차와 유럽의 도자사

홍차도자의 역사

유럽으로 전해진 중국 자기Porcelain _

6C경 중국에서부터 제작된 '자기Porcelain'가 처음으로 유럽에 알려지게 된 것은 13C 중국 원나라를 방문한 베네치아의 상인 마르코 폴로Marco Polo에 의해서였다고 한다. 서양에서 자기를 지칭하는 용어인 포슬린Porcelain은 프랑스어에서 온 것이지만 그 유래는 이탈리아어인 'Porcella' 또는 'Porcellana'에서 왔다. 이는 '작은 돼지'라는 뜻으로 희고 투명한 조개껍질과 재질이 비슷하다 하여 얻어진 명칭이다. 이렇게 단단하며 희고 투명한 동양의 자기는 서양 사람들에게 동경의 대상으로 자리 잡아 왔다.

처음 동양의 자기가 유럽으로 소개되는 데는 네덜란드와 포르투갈의 역할이 컸다. 네덜란드는 포르투갈에 이어 향신료, 비단, 중국 자기 등을 수입하며 17C 전후 동서 무역을 독점하였다. 당시 무역품을 실어 나르는 포르투갈의 큰 범선을 카락Caraak이라 했다. 포르투갈이 이 큰 범선에 중국 자기를 가득 싣고 무역을 했기 때문에 이 배에 실린 자기를 크락 자기Kraak Porcelain라고 불렀다. 이후 한동

안 중국에 의뢰한 유럽의 주문 도자가 크락 자기라 불릴 정도로 대단한 인기를 모았다.

크락 자기는 1604년 도자기를 비롯한 많은 중국 물품을 싣고 가던 포르투갈의 범선 한 척이 말라카Malacca 해협에서 네덜란드인에게 나포되어 암스테르담으로 이송되면서 시작되었다. 이 사건은 16톤에 달하는 대량의 중국 도자기가 유럽에 소개된 최초의 일이었다. 당시 유럽 왕실과 귀족들만을 초대해 경매를 열었는데 단 며칠 만에 매진이 될 정도로 반응이 뜨거웠다. 크락 자기는 대부분 하얀 자기 위에 푸른색 안료로 그림을 그려 넣은 청화백자青華白磁이다. 주로 그릇의 중앙에 화조문花鳥文이나 산수문山水文 등의 풍경을 그리고 그 주변을 여러 개의 칸으로 나누어 다양한 문양으로 채웠다. 물론 뒷면도 각종 화문으로 그림을 그려 장식을 하였다. 그렇기에 식기용으로 사용되기도 하였지만 선반이나 벽에 걸리는 장식품으로도 많이 사용되었다. 두텁고 무거우며 잘 깨지는 도기질Pottery을 사용하던 서양인들에게 투명할 정도로 얇으면서 단단하기까지 한 동양의 자기는 왕권과 부를 과시하기에 충분히 매력적인 공예품이었다. 유럽의 귀족들은 더 많은 양의 중국 도자를 만나기를 원하였고, 이에 해상권을 독점한 네덜란드 동인도 회사는 거점 무역을 통해 중국의 자기들을 본격적으로 무역품으로 취급하였다. 그 후부터 이전 시대에 비해 더욱 많은 양의 중국자기가 유럽으로 수입되었다. 중국의 도자기가 유럽에 소개된 후 얼마 지나지 않아 그 폭발적인 수요에 의해 네덜란드의 동인도회사가 1620년대 수입한 도자기의 양은 1년 동안 10만 점이 넘었고 이것은 중동의 향신료보다 더 많은 이윤을 남길 수 있었다. 그 이후 동양의 자

크락자기|Kraak Ware

기는 영국, 프랑스, 독일 등의 동인도회사가 잇달아 생겨남에 따라 직·간접적으로 중동의 진귀한 물품들과 함께 거래되어 유럽으로 전해졌다. 유럽으로 수입된 동양의 자기는 처음에는 왕실과 귀족만이 구입할 수 있었지만 점차 대량의 자기를 수입하게 됨에 따라 중산층도 구매가 가능해졌다. 중국 자기의 수입은 1695년까지 약 100년 동안이나 꾸준히 증가하였다.

동양에 매료된 유럽인 - 쉬누아즈리Chinoiserie _

18세기 중국풍의 티세트

중국의 자기를 비롯한 향신료, 비단, 옻칠기, 차茶 등의 무역품을 소유한다는 것은 부의 척도이자 권력의 상징이었다. 유럽의 귀족들은 앞 다투어 중국에서 수입된 것들을 대량으로 수집하였는데 이는 17~18C 유럽 귀족문화에 '쉬누아즈리Chinoiserie'라는 붐을 일으켰다. '쉬누아즈리'라는 용어는 '중국 취미Chinese Mania'를 뜻하는 프랑스어로 당대 유럽에서 유행한 이국적인 중국풍의 문화를 지칭한다. 쉬누아즈리는 프랑스를 중심으로 바로크, 로코코 양식과 혼재되어 발전하면서 문화 예술 전반에 걸쳐 영향을 주었다. 유럽의 왕과 귀족들은 처음에는 단순히 중국 자기의 수집에서 시작하였으나 점차 수집하는 것을 넘어 아예 방 하나 전체를 중국에서 수입해온 도자기, 가구 등으로 채우거나 수입품을 구하기 힘들다면 중국풍을 흉내 낸 것들을 모두 모아서 차이나 룸을 꾸몄다. 뿐만 아니라 많은 귀족들은 중국의 자기로 동양의 차를 즐기는 장면이나 중

국풍의 찻잔을 손에 들고 있는 모습을 그림으로 남기기를 원하였다. 쉬누아 즈리의 유행은 차와 도자기 뿐만 아니라 금속, 옻칠, 가구 등의 공예품과 패션, 건축 등 유럽인들의 생활 전반에 영향을 주었다.

17C 초 중국과의 무역이 시작된 이후 유럽으로 유입된 자기는 주로 코발트 Cobalt 안료를 사용한 청화자기였고 산수, 화조 등 중국의 전통 문양이 주를 이루었다. 또는 중국의 설화나 문학 등에 모티브를 얻어 장식되기도 하였다. 유럽 사람들은 처음에는 중국의 것을 그대로 들여왔으나 점차 자신들이 원하는 스타일로 변화시켜 갔다. 1630년 무렵부터 네덜란드 동인도회사의 무역 기록지에는 구매자가 원하는 형태와 치수가 자세하게 적혀 있고, 중국에는 없는 기형을 주문하기 위해서 도안을 직접 그려 넣거나 나무로 조각한 샘플을 보내기도 한다고 적혀 있다. 또한 청화백자 뿐 아니라 다양한 색상으로 채색된 자기를 수입하게 되면서 색과는 상관없이 질 좋은 홍차 혹은 커피세트를 원한다거나 질과는 상관없이 최

18세기 영국에서 제작된 중국풍의 가구

영국 남동부 스토우에 있는 중국풍의 건축물 엘리시안 필즈 Elysian Field's(1738)

대한 많은 색상이 들어간 자기를 요한다는 주문서도 남아 있다. 이를 통해 이전에는 중국제를 수입하여 그대로 사용하였으나 점차 유럽인들이 그들의 식습관과 취향 및 생활양식에 맞게 문양과 기형器形 및 크기를 변화시키면서 수입하였음을 알 수 있다.

네덜란드는 중국에서 명이 멸망하고 청이 건국되는 시기에 나라가 혼란하여 자기의 공급이 원활치 못하게 되자 이제 막 자기의 생산이 가능해진 일본으로 눈길을 돌렸다. 17C 초반 걸음마 단계였던 일본의 자기는 중국의 경덕진에서 제작된 자기보다 기술력이 떨어질 수밖에 없었지만 폭발적으로 늘어난 수요를 감당하기에 별다른 대안이 없었다.

일본에서 제작된 수출품은 크락자기의 모방에서부터 시작되었다. 네덜란드 상인들은 당시 유럽에서 유행하는 디자인을 의뢰하거나 중국으로부터 수입했던 크락자기를 직접 가지고 와서 모방품 만들기를 요구하였다. 그러나 얼마 지나지 않아 일본의 도자기는 '카키에몬柿右衛門'이라는 독자적인 스타일을 선보이면서 유럽에서 큰 인기를 모으게 되었다. 카키에몬 양식은 유약 위에 광물성 안료를 입히는 채색자기로 빨강, 노랑, 초록, 파랑 등 선명하고 화려한 색상을 사용하여 일본의 전통적인 꽃이나 동물, 산수화 등을 비대칭적으로 표현하였다. 특히 짙은 주황빛(혹은 다홍빛)을 띄는 붉은 안료는 카키에몬 양식의 특징이다. 유럽인들은 일본에서 들여온 도자기를 '이마리 자기'라 불렀다. 이는 사가현 아리타佐賀縣 有田지방에서 만들어졌음에도 이마리伊萬里 항구에서 출하된 것에서 유래한 것으로 한동안 아리타 도자기를 통칭하는 말이 되었다.

중국의 청나라가 안정이 되어 1684년 유럽으로 자기 수출이 가능해졌을 때 일본의 이마리 자기는 이미 유럽인의 취향에 맞게 다양한 스타일로 발전되어 있었다. 그러자 이번에는 역으로 중국이 일본에서 제작된 '이마리 자기'를 모방하여 수출하였는데 이를 차이니즈 이마리Chinese Imari라 부른다.

1610년 차가 처음으로 서양에 전해졌을 때 유럽 사람들은 '동양의 신비로움'에 열광했다. 특히 일본과 중국의 녹차는 그들이 접하기 힘든 자기로 만든 '다호茶壺'에 담겨 있었다. 은제나 유리, 마욜리카Maiolica 도기로 된 그릇을 사용하던 왕가와 귀족들에게 동양에서 들여온 자기로 동양의 음료를 마신다는 것은 권력과 부를 과시하기 위한 좋은 수단이 되었다. 왕실의 고품격 취미였던 다회는 상류층의 귀부인들에 의해 급속히 퍼져나갔고 동방과의 무역을 통해 부를 쌓은 상공인들이 사치의 대열에 합류했다.

다회 형식의 티파티는 17C 네덜란드서부터 유행한 장르화Genre Scene와 정물화Still Life에도 자주 등장한다. 차를 마시는 자리는 마치 고가의 무역품들의 집합소같이 보인다. 동양에서 건너온 차와 도자기에 일반인들은 접할 수

스트로드 가족The Strode Family, 윌리엄 호가스William Hogarth(1738)

없었던 설탕과 생강 등의 향신료를 추가하고 거기에 갓 짜낸 신선한 우유까지 함께 곁들인다는 것은 그들의 사치스러움을 극대화하여 보여줄 수 있는 것이었다. 17C 초부터 백 년 남짓한 시간 동안 장르화의 찻자리에 등장하는 인물 대부분은 중국풍의 청화백자로 된 찻잔을 사용하고 있다. 그러므로 시간이 지남에 따라 찻잔의 크기와 형태에 나타나는 경미한 변화를 통해 초기 유럽 차 문화 중 티웨어 Tea Wares의 흐름을 살펴 볼 수 있다. 그림 속에 등장하는 17C 초기의 찻잔은 볼 Bowl 형태의 손잡이가 없는 작은 찻종茶鍾이었다. 비슷한 시기 찻종에 받침 접시가 생기고 찻종은 점차 커지게 된다. 찻잔 크기의 변화는 질병의 예방과 치료의 목적으로 소량씩 섭취해야 했던 약의 개념에서 기호 식품인 음료수로 정착되면서 생긴 음다량과 관계가 있다.

유럽의 귀족들에게 티파티는 신분과 부를 과시하기 위한 사교의 장이었다. 따라서 대접의 의미도 중요하지만 손님의 애티튜드도 중시되었다. 당시 즐겨 마시던 맥주나 에일 등의 알코올음료는 찰랑찰랑하게 부어 단숨에 마신 후 테이블 위에 올리는 것이 예의였다. 이를 감안하면 한번 나누어준 차를 대화 도중 내려놓는 것도 실례가 될 수 있었다. 찻잔을 받쳐 주는 접시는 뜨겁게 우려진 차를 한 번에 마시지 않고도 테이블과 멀리 떨어지지 않은 무릎 위에 안정적으로 올릴 수 있게 하였다. 또한 별도로 제공된 설탕이나 우유를 차에 넣은 후 스푼으로 젓기 위해 찻잔을 고정하는 용도로도 쓰였다. 서

정물화Still Life, 티세트Tea Set(1781-1783)

양 도자기 연구가인 와다 야스시는 그 당시 다과 없이 녹차를 마셨던 서양인들이 찻잔과 함께 수입된 많은 접시 중 찻잔과 무늬가 같은 접시를 받침 접시로 사용하였을 것이라고 추측한다.

오늘날 소서Saucer의 개념인 받침 접시의 재질이 찻잔과 같은 자기질로 고정된 것은 당시 식문화의 변화와도 연관되어있다. 17C 중엽부터 다양한 조리법의 개발로 그에 어울리는 식기가 필요하게 되었는데 이전에는 금속기나 유리, 주석 등으로 사용했던 식기들도 자기의 형태로 통일되었다. 그 과정에서 수프나 스튜, 소스나 샐러드 볼 등에서도 소서가 추가되어 18C 초반에는 우리가 알고 있는 정찬용 식기세트가 완성되었다.

각국의 식습관에 따라 조금씩 다르긴 하지만 평균적으로 130여 개의 기물이 한 세트를 이루었다. 식사와 함께 즐겼던 알코올음료가 차와 커피로 대체되면서 티웨어도 당연히 식기세트에 포함이 되었는데 이때 찻잔 받침인 소서를 비롯하여 설탕을 담기 위한 슈가볼Sugar Bowl, Sugar Pot과 액상의 우유를 담기 위한 밀크저그Milk Jug, Creamer 등이 자기로 통일되어 제작되었다.

초기 유럽인들은 찻잔에 차를 담고 설탕이나 우유를 첨가한 후, 차는 받침 접시에 부어서 소리 내어 마셨다. 차를 마실 때 내는 소리가 크면 클수록 대접에 대한 감사의 표시이며 그것이 예의라 여겨질 때도 있었다. 차를 부어서 마셔야 했기에 소서가 되는 받침 접시는 현재의 평평하고 납작한 형태가 아닌 깊이가 어느 정도 있는 낮은 발 형태였다. 또한 그러한 형태는 찻잔이 바닥으로 떨어지지 않게 도와주기도 하였다.

18C 초기 손잡이를 붙인 찻잔이 고안되었으나 상류층에서는 손잡이가 없는 찻잔으로 차를 마시는 방법을 선호하였다. 커피와 초콜릿의 음료는 손잡이가 달린 찻잔으로 마셨지만 차Tea만큼은 전통적인 티볼Tea Bowl(손잡이가 없

는 잔과 잔받침)형태로 대접하는 것이 격식 있는 것이라 여겼던 것 같다.

17C 초반 불과 30$m\ell$ 정도를 담을 수 있던 찻잔의 크기는 100여 년 후 140∼150$m\ell$ 정도의 차를 담을 수 있을 만큼 커졌고, 손잡이가 달린 컵의 받침 접시는 찻잔이 움직이지 않게 고정해야 하는 기능이 커졌다. 이를 위해 접시의 내저면內底面에 찻잔의 굽과 동일한 크기의 둥근 홈을 만들면서 현재의 티컵과 소서의 형태가 완성되었고 이것이 커피·홍차잔 세트의 초기 모델이라 하겠다. 찻잔 형식의 변화는 다관茶罐(Teapot)에도 영향을 주었다. 기존에 중국에서 수입해 오던 의흥宜興의 자사호 주전자로 차를 따르기에는 턱없이 부족했다. 크기도 동양의 차 문화에서는 볼 수 없는 크기로, 작은 것은 600$m\ell$에서 큰 것은 800$m\ell$를 담을 수 있을 만큼의 사이즈로 제작되었다. 한 번에 마시는 차의 양이 늘어나면서 다양하고 푸짐한 다과를 내놓게 되었고 따로 다과를 놓을 접시가 필요하게 되자 디저트 플레이트가 하나 추가되어 티컵 세트 밑에 한 벌로 놓게 되었다. 손잡이가 달린 티컵, 티컵을 고정시키는 홈이 있는 소서, 찻잔의 크기와 비례해서 커진 찻주전자, 설탕과 우유 등을 담을 수 있는 슈거볼과 밀크저그, 다과를 위한 디저트 플레이트, 설탕 집게, 설탕을 젓기 위한 은수저, 차 거름망, 모트Mote 스푼 등 다양한 차도구가 함께 발전하면서 동양에서 번성하던 차 문화가 유럽식으로 화려하게 재탄생되었다.

백색의 금 - 자기의 탄생

17∼18C 초의 유럽은 영토 확장을 위한 전쟁과 국제간의 무역 거래가 활발했던 시절이라 그 어느 때보다 자금의 필요성이 대두되는 시대였다. 유럽의 제후들은 유리나 은보다 단단하고 반투명의 희고 얇은 백색자기를 금보다 더 비싸게 거래했다. 때문에 많은 귀족들이 보다 많은 백색 금을 소유하고자 하였으며 가장 먼저 자기 제조 기술을 획득하고자 치열한 경쟁을 벌이고 있었다.

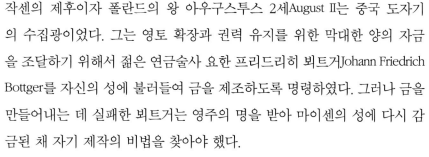

작센의 제후이자 폴란드의 왕 아우구스투스 2세August II는 중국 도자기의 수집광이었다. 그는 영토 확장과 권력 유지를 위한 막대한 양의 자금을 조달하기 위해서 젊은 연금술사 요한 프리드리히 뵈트거Johann Friedrich Bottger를 자신의 성에 불러들여 금을 제조하도록 명령하였다. 그러나 금을 만들어내는 데 실패한 뵈트거는 영주의 명을 받아 마이센의 성에 다시 감금된 채 자기 제작의 비법을 찾아야 했다.

그 당시 유럽인들이 백색의 자기를 가지기 위해서는 무역을 통한 수입에 의존해야만 하였기에 유럽 내에서도 이탈리아의 메디치Medici, 네덜란드의 델프트Delft 등의 유명 가마에서 자기를 생산하기 위한 시도가 있었다. 그러나 외형적으로 중국 자기처럼 보일 뿐, 두껍고 깨지기 쉬운 낮은 온도로 번조된 도기질의 상태에 머물렀다. 고온으로 구워내야 하는 것은 알았으나 그 온도를 견뎌낼 수 있는 흙을 찾을 수 없었기 때문이었다. 즉 견고한 자기를 만들기 위해서는 1,350~1,400℃를 지속적으로 유지할 수 있는 기술력과 그 온도를 견딜 수 있는 흙의 배합률이 필요했다.

오랜 시간 동안 비밀에 부쳐졌던 자기의 주원료는 고령토 성분이었다. 고령토는 백색의 자기를 만드는 핵심 원료로 중국의 강서성 경덕진 고령高嶺 지방에서 최초로 생산되었기에 그 지방의 이름을 그대로 사용한 것에서 유래한다. 한국에서는 高嶺土를 음운으로 읽으면 고령토이지만 실제 고령의 중국식 발음은 가오링Gaolin이기에 이 발음이 유럽으로 건너가면서 카올린Kaolin으로 정착되었다. 카올린은 암석, 즉 돌가루의 형태로 채굴된다. 이 돌가루를 곱게 빻아서 물에 침전시킨 후 다시 고운 채로 걸러낸 뒤 숙성시키는 수비의 과정을 거쳐야 원하는 기형으로 만들 수 있는 점토가 된다. 그리고 1,300℃ 이상 되는 번조 과정을 거쳐야만 점토 내의 큰 입자와 작은 입자가 고체형태로 결합하여 견고하고 단단해지는 자기 질이 되는 것이다.

10년의 기간 동안 수없이 실패한 뵈트거는 1709년 마침내 작센의 산악지대에서 자기의 주원료를 찾게 되었고 화학자 발터 폰 치른 하우스와 함께 중국의 자기 질과 유사한 경질 자기를 제작하였다. 드디어 유럽 최초로 '백색의 금'이라 불리던 자기의 제조 비밀이 밝혀지게 된 것이다. 유럽에서 최초로 독자적인 자기의 제조기술을 소유하게 된 아우구스투스 2세는 카올린 광맥 근처인 마이센 알브레히츠부르크 성에 '왕립 작센 자기소'를 설립하고 점토와 유약의 기술을 분업화하며 기술의 유출을 막고자 철저하게 관리 하였다. 실질적인 공로자였던 뵈트거는 관리자라는 명목 하에 유배와 다름없는 생활을 하다 10년이 채 되지 않아 사망하게 되었다. 그러나 뵈트거가 사망하고 얼마 지나지 않아 각국의 산업 스파이들에 의해 마이센의 기술은 유럽 전역에 퍼지게 되었고 오스트리아(1716), 이탈리아(1735), 덴마크(1737), 러시아(1743), 프랑스(1768) 등 유럽의 여러 나라에서도 자기의 생산이 가능해졌다. 자기를 생산할 수 있는 가마는 제조 기술력을 요할 뿐 아니라 그 나라의 국가적인 후원을 받지 않으면 안 될 정도의 많은 돈을 필요로 했다. 그럼에도 불구하고 유럽의 왕가와 귀족들은, 부와 권력을 가져다주는 황금 알을 낳는 거위와도 같은 포슬린 공장을 세우는 데 경쟁적으로 열을 올렸다.

서양의 자기, 다시 동양으로 _

1709년 마이센Meissen에서 유럽 최초의 경질자기가 만들어 진 후 반세기가 지나지 않아 유럽 각국에서도 왕가나 귀족들에 의해 자기 요업소가 설립되었다. 초기 유럽자기 제품들은 기존에 수입해 오던 중국의 청화백자나 일본의 카키에몬 스타일에 영향을 받았다. 티웨어Tea Wares 역시 그들의 차 문화가 적극적으로 반영이 되면서 크기나 기형 등에서 많은 변화가 있었지만 장식에서 만큼은 여전히 동양의 도자기를 모방하였다. 우리가 널리 알고 있는 마이센의 블루 어니언과 인디

언 시리즈도 이 당시 쉬누아즈리의 영향을 받은 문양 가운데 하나이다.

유럽 대륙의 중심이었던 프랑스 역시 독자적인 자기 생산 이전에는 경쟁 관계였던 유럽 최초의 도자 가마인 마이센을 모방하며 당시 유행하던 동양적인 문양을 주로 그렸다. 그러나 루이 15세의 공식적인 애인이었던 퐁파두르 부인이 자기 생산을 위해 세브르Sèvres의 가마를 적극적으로 후원하면서 프랑스의 도자기는 급속한 발전을 이루게 되었다. 당대 최고의 트렌드 세터였던 퐁파두르 부인은 세브르에 동양의 모방이 아닌 현대적이며 매력적인 신 기법을 창안하도록 주문하였다. 왕가의 후원과 퐁파두르 부인의 재정적 지원으로 세브르는 뛰어난 조각가, 화가 등 많은 예술가들을 고용할 수 있었고 이후 자기 기술력을 갖추게 되면서 세브르만의 독창적이고 화려한 경질 자기가 완성되었다. 당시 프랑스는 상업적인 면에서 뿐만 아니라 경제적인 면에서도 유럽의 중심이었으므로 프랑스의 유행은 유럽을 선도하고 있었다. 특히 예술과 문화를 장려했던 루이 왕조 시대에 바로크와 로코코, 쉬누아즈리풍의 미술과 공예가 눈부시게 발전하면서 유럽인들의 취향을 사로잡았는데 그 중심에 세브르의 도자기가 있었다. 세브르는 테이블 웨어 뿐 아니라 일상에서는 볼 수 없는 독특한

세브르Sèvres의 화려한 실내 장식품

기형의 실내 장식품의 제작이 많았다. 꽃병을 비롯한 촛대, 향로, 큰 항아리 등은 용도에 충실하기보다 조형미와 예술성을 추구하며 당시 프랑스의 부와 권력을 상징하였다. 루이 왕가의 강력한 힘과 화려함에 대한 동경은 오랫동안 자리를 지켜왔던 중국도자기를 밀어내고 유럽 귀족들의 실내를 장식하게 되었다.

18C 말에 이르러 유럽 가마들이 안정적으로 자기를 생산하기 시작하자 중국과의 무역 도자는 점차 쇠퇴하기 시작하였다. 그것은 앞서 언급된 유럽인들의 취향의 변화와 또 한편으로는 산업화된 유럽의 자기제작소와의 경쟁에서도 밀리게 되었기 때문이다. 기술적으로는 나무에서 석탄으로 연료가 바뀌면서 보다 빠르게 고온 번조가 가능해졌고, 연료 손실을 막기 위해서 터널식으로 가마의 형태가 바뀌었다. 인쇄 기술을 응용한 전사轉寫기법이 등장하면서 문양 복제가 가능해졌고, 금속 주물 기법에서 착안한 이장주입泥漿鑄入(Slip Casting)기법을 사용함으로써 몇 번이고 같은 모양과 크기의 기물을 만들어낼 수 있게 되었다. 중국의 경덕진이나 일본의 아리타에서 제작되던 도자기와는 다른 새로운 시스템의 대량 생산 기반을 갖추게 된 것이다.

또한 영국에서부터 개최된 만국박람회는 유럽 도자기 발전의 중요한 매개가 되었다. 자국에서만 유명했던 헝가리의 헤렌드Herend가 만국박람회를 통하여 영국 왕실의 전용 가마로 지정되자 한순간에 국제적인 도자회사로 떠오를 정도로 박람회의 영향력은 엄청났다. 이후 각국을 대표하는 도자회사들은 경쟁적으로 기술을 증진하며 새로운 스타일의 도자기를 선보이게 되었다. 근대 유럽의 도자기는 동양의 문양과 채색기법 그리고 그리스, 로마 문화 양식에 많은 영향을 받으면서 발전해왔다. 그러나 유럽의 도자기는 고전의 답습에 머물지 않고 그들만의 문화로 재해석하여 독특하고 고유한 스타일의 도자기를 선보이고 있으며 이제는 그 문화가 서양에서 동양으로 소개되고 있다.

유럽의 도자회사

오랫동안 유럽에서 베일에 싸여 있던 고온의 자기 제조 기술은 18C 독일에서 밝혀진 후 급속도로 유럽 전역에 퍼져나갔다. 이후 자국의 왕실과 귀족들의 비호를 받으며 건설된 유럽의 도자회사들은 선의의 경쟁을 펼치며 발전해 왔으며 300여 년이 지난 현재에는 서양의 자기문화가 동양으로 역수출되고 있다.

세계 3대 도자회사인 독일의 마이센Meissen, 덴마크의 로열 코펜하겐 Royal Copenhagen, 헝가리의 헤렌드Herend는 유럽 자기의 대표적인 명품 브랜드로서 현재까지도 전통적인 핸드 페인팅Hand Painting기법을 고수하며 가치를 지키고 있다.

독일 마이센Meissen 1710~, 블루 어니언Blue Onion _

마이센Meissen의 피겨린figurine

1710년 유럽 최초의 자기 제작소가 설립된 곳은 독일 드레스덴 Dresden 근교의 작은 도시 마이센Meissen이다. 오랜 역사만큼 초기 유럽 자기 문화의 트렌드를 이끌었으며 현재에도 최상품의 자기 생산을 고집하며 세계 도자 산업의 중심에 있다. 19C까지 마이센 근교에는 200여개의 도자 공방이 운영되었으나 지금은 마이센 브랜드의 본사와 공장만이 남아 전통적인 자기 제조 공정을 유지하고 있다.

마이센 가마는 뵈트거의 사망 후 이듬해인 1720년에 후임으로 들어온 헤롤트Johann G. Horoldt와 1731년 켄들러 Johann J. Kandler의 영입으로 독자적인 채색 및 제조기술을 갖추게 되었다. 마이센이 원조인 동양을 모티브로 한 다

양한 패턴들은 대부분 화가 해롤트의 손을
거쳐 디자인된 것으로 수많은 유럽 가마들이
모방작을 만들어 내었다. 궁정 조각가였던 켄
들러는 1730년대 이전에는
거의 생산하지 않았던 도
자 피겨린Figurine을
예술의 경지에 올려
놓았다. 동시대의 회
화작품, 고대 신화, 일상

생활, 쉬누아즈리 등 다양한 주제의 군상과 동물상을 경쾌
하고 화려한 로코코 풍으로 제작하며 이후 프랑스의 세브르 가

블루 어니언Blue Onion

마에 큰 영향을 주었다. 수 많은 복제품과 모방작들로 인해서 마
이센의 도자기에는 1722년부터 작센 주의 상징인 쌍검Blue Crossed Sword 무늬를
표기하고 있는데 시대에 따라 무늬의 모양이 조금씩 바뀌고 있어 제작시기를 예측
해 볼 수 있다.

1739년 완성된 블루 어니언Blue Onion 시리즈는 동양적 문양이 독특한 방식으로
유럽화 된 마이센의 대표적인 디자인이다. 초기 마이센은 중국의 청화백자를 모
방한 자기를 많이 제작하였다. 이 과정에서 마이센의 도공들이 석류를 비롯한 복
숭아, 칠보 문양 등을 자신들에게 익숙한 양파꽃으로 오인하면서 새로운 도안이
그려졌다. 여기에 남성을 상징하는 대나무, 여성을 상징하는 연꽃 문양을 도입하
여 완벽한 인간이라는 주제로 양식화 되었다.

코발트 안료로 그려진 양파 문양이라 하는 '블루 어니언'은 '양파 문양'이라는 뜻
의 독일어인 쯔비벨 무스터Zwiebel Muster로도 불리고 있다. 블루 어니언 시리즈는
독일의 마이센 뿐만 아니라 영국, 체코, 루마니아, 일본 등 다양한 나라, 수많은 도

자회사에서 약간씩 변형이 되어 제작되고 있으며 전 세계적으로 가장 많이 생산된 도자 패턴이다. 그 중 마이센 가마에서 제작된 블루 어니언 시리즈만이 전면부前面部 대나무 무늬 아래에 쌍검 표식이 있어 오리지널임을 알려주고 있다.

블루 어니언과 더불어 마이센을 대표하는 드래곤Dragon 시리즈는 도자기에 대한 아우구스투스 2세의 끝없는 열망에서 시작되었다. 그는 자신의 수집품과 마이센에서 만들어진 자기들로 가득 채워진 도자기 궁전을 지어 중국 황제를 초대하려고 하였으나 끝내 완성하지는 못하였다. 아우구스투스는 말년에 중국 황실에서 쓰던 용龍무늬의 자기를 보고 큰 감흥을 받아 이를 모티브로 한 자기세트를 만들도록 주문하였다. 부귀 길상의 상징인 중국의 용 문양을 일본의 카키에몬 스타일로 채색한 드래곤 시리즈는 그의 아들인 아우구스투스 3세부터 1918년까지 왕실 전용 식기로 사용되었다. 드래곤 시리즈는 블루 어니언보다도 먼저 생산된 마이센의 최장수 패턴으로 현재는 코트 드래곤Court Dragon과 밍 드래곤Ming Dragon이 생산되고 있으며 중국의 경덕진 자기와 일본의 카키에몬 도자가 혼재된 마이센의 대표 디자인이다.

밍 드래곤Ming Dragon

덴마크 로열 코펜하겐Royal Copenhagen 1779~, 플로라 다니카Flora Danica _

1771년 화학자 프란츠 뮐러Frantz Heinrich Müller에 의해 덴마크에서도 자기의 원료가 발견되면서 1775년에 줄리안 마리Juliane Marie왕비의 전폭적인 지원으로 덴마크 왕립 자기 공장Royal Danish Porcelain Factory이 설립되었다. 처음 줄리안 마리 왕비는 50년 동안의 특허권을 부여하고 재정적인 지원만을 하기로 하였으나 공장이 경영난에 시달리자 4년 후인 1779년부터 왕가에서 직접 재정을 관리하게 되었다. 이후 백여 년 간 이 곳에서는 덴마크 왕실과 관련된 도자기만을 생산하였다. 1868년 민간 기업으로 바뀌어 일반 시민들이 도자기를 구입할 수 있게 된 이후에도 왕가의 허가를 받아 '로열'이라는 단어를 지속적으로 사용하면서 '왕립자기제작소Royal Porcelain Factory(로열 포셀린 팩토리)'라 부를 수 있게 되었다.

이 곳에서 만들어진 플로라 다니카Flora Danica 시리즈는 당시 국왕인 크리스티안 7세Christian Ⅶ가 러시아 여제 예카테리나 2세Ekaterina Ⅱ에게 보내는 선물로 주문한 것으로 덴마크의 자연 들꽃을 아름답게 묘사하고 있다. 이 시리즈가 1790년에서 1802년까지 12년에 이르는 오랜 제작기간 도중에 여제의 갑작스런 사망으로 미완성인 상태로 덴마크의 왕실에서 보관 중인 사실은 유명하다. 플로라 다니카는 덴마크의 식물도감에서 3천 종이 넘는 종류를 참고하여 선택한 다양한 식물을 모티브로 세밀하게 제작되었다. 당사자가 없는 첫 시리즈는 왕실이 보관하고 두 번째 플로라 다니카는 1863년 덴마크 공주와 영국의 에드워드 7세의 결혼선물로 제작되었다. 플로라 다니카 시리즈는 로열 코펜하겐 디자인 중에서도 소수의 숙련된 페인터의 참여로만 제작하여 판매되고 있다. 수많은 페인팅 과정으로 인하여 여러 번의 번조 과정이 필요하기 때문에 하나를 완성하는 데 오랜 시간이 걸리는 이 시리즈는 현재에도 매년 소량씩만 제작되며 개인적인 주문 제작도 일부

플로라 다니카Flora Danica

블루 플루티드 풀레이스 Blue Fluted Full Lace

가능하기 때문에 많은 컬렉터들의 동경의 대상이 되고 있다.

이와 더불어 청화백자를 연상시키는 로열 코펜하겐의 대표적인 디자인 '블루 플루티드Blue Fluted' 시리즈 역시 오랜 역사를 자랑하며 많은 사람들의 사랑을 받고 있다. 초기에는 중국 청화백자에 영향 받은 꽃문양을 덴마크식으로 단순화한 플레인Plain 패턴으로 제작되었다. 그러나 민영화 이후 1885년 부임한 디자이너 아놀드 크로Arnold Krog에 의해 플레인의 문양과 장식 형태를 발전시킨 풀 레이스 Full Lace와 하프 레이스Half Lace 패턴이 추가 되었다. 세밀하면서도 화려함이 느껴지는 디자인으로 재탄생 된 블루 플루티드 시리즈는 플로라 다니카 시리즈와 더불어 로열 코펜하겐을 세계적인 브랜드로 자리 잡게 하였다.

로열 코펜하겐의 각 작품 뒷면에는 상품 번호와 세 파도 줄무늬와 그림을 담당한 디자이너를 유추할 수 있는 사인이 표기되어 있다. 특히 '세 줄의 푸른색 물결 무늬'는 발트해Baltic Sea에 위치한 덴마크의 3대 해협인 대벨트Great Belt, 소벨트 Little Belt, 외레순Ø resund 해협을 상징하는 것으로 설립 당시 줄리안 마리 여왕의 의견이 적극 반영되어 지금까지 로열 코펜하겐을 상징하는 트레이드 마크로 내려오고 있다. 2008년 로열 코펜하겐의 생산 공장은 태국으로 이전移轉하였다. 현재 웨지우드Wedgwood, 로열 덜튼Royal Doulton을 포함한 WWRD 그룹에 속해 있음에도 플로라 다니카 시리즈만은 덴마크 본사에서 제작하고 있으며 태국 현지에서도 직원 500명 내외의 소수 정예 인원으로 제작하고 있다. 이전 제품은 백마크가 'Denmark'라고 되어있고 이후부터는 'Hand Painted'라고 되어있어 비교적 쉽게 구별할 수 있다.

헝가리 헤렌드Herend 1826~, 빅토리아 부케Victoria Bouquet _

헤렌드Herend는 독일 마이센에서 도자기를 생산한 지 116년이 지난 1826년 동유럽에서 시작된 도자회사이며 설립 당시에는 오스트리아의 합스부르크 왕가의 통치에 있었지만 현재는 헝가리 발라톤 호수 근처에 위치해 있는 전원도시의 지명이기도 하다. 유럽에서 자기 제작의 후발 주자였던 헤렌드는 초기 마이센이나 세브르의 모방작이 많았으나 꾸준히 자신만의 디자인을 완성하며 세계적인 명품 브랜드로 자리 잡았다.

1840년부터 제작되어 온 인도의 꽃Indian Basket 시리즈는 헤렌드의 최장수 패턴이다. 당시 유행하던 중국 느낌의 작은 꽃문양을 도안화한 마이센의 인디언Indian 패턴은 주변 여러 도자 가마에 영향을 주었는데 헤렌드의 인도의 꽃 시리즈도 그 중 하나이다. 동양의 꽃과 식물 패턴에서 모티브를 가져왔음에도 인디언Indian이라는 명칭이 붙은 까닭에는 여러 가지 설이 있다. '인디언'이란 명칭이 동양의 물건을 유럽에 소개한 동인도회사에서 유래했다는 설도 있고, 인도 이슬람 왕조인 무굴제국의 아라베스크풍의 반복적인 작은 꽃무늬에 영향을 받았기 때문이라는 설도 유력하다. '인디언'이란 말은 이러한 분위기가 나는 패턴을 총칭하는 말이다. 헤렌드는 모방작이었던 인디언 부케 패턴을 응용하여 헤렌드라는 이름으로 자신만의 디자인을 꾸준하게 발전 시켜 왔다. 그렇기에 현재는 마이센과 더불어 헤렌드의 이름

빅토리아 부케Victoria Bouquet

으로 인식되고 있기도 하다.

19C 헤렌드는 주문자의 이름을 패턴의 명칭으로 사용하기도 하였다. 빅토리아 여왕Queen Victoria, 로스차일드Rothschild 가문, 아포니 Apponyi 백작의 이름을 딴 디자인이 대표적이다. 1851년 영국 만국 박람회에 출품되어 대상을 차지한 빅토리아 부케Victoria Bouquet 시리즈는 마이센의 모방 회사라는 이미지를 가졌던 헤렌드를 국제적으로 널리 알렸다. 동양풍의 꽃과 나

로스차일드 버드Rothschild Bird

무, 나비 등의 무늬를 법랑채 기술을 응용한 화려한 칼라로 채색한 이 디자인은 대상을 수상하였고, 같은 해에 빅토리아 여왕이 궁정용 디너세트로 주문하면서 디자인 이름도 '빅토리아 부케Victoria Bouquet'라고 불리게 되었다. 빅토리아 부케는 여왕이 주문한 이래로 하나의 시리즈가 20여 가지가 넘는 버전으로 제작되어온 헤렌드의 스테디 셀러이기도 하다.

로스차일드 버드Rothschild Bird(로쉴드 버드) 시리즈는 유대 가문의 대부호인 로스차일드 가문과 빅토리아 여왕과의 에피소드에서 유래되었다. 로스차일드 가문의 만찬회에 영국의 빅토리아 여왕이 초대되었는데, 여왕이 잠시 풀어 놓았던 목걸이를 분실한 사건이 생겼다. 이 목걸이의 분실이 가문의 아랫사람의 소행인지 진짜 반짝이는 물건을 좋아하는 새가 물어갔는지는 알 수 없지만 '목걸이는 새가 물어가서 나뭇가지에 걸어 놓았다'는 말로 원만히 해결되었다고 한다. 이후 로스차일드 가문이 헤렌드를 후원하면서 이 에피소드를 모티브로 제작되었고 현재까지

도 꾸준히 생산되어 오고 있다.

또 하나의 스테디셀러인 아포니Apponyi 시리즈는 19C 후반 귀빈을 대접하기 위해 새로운 디너세트를 원했던 아포니 백작의 긴급 주문으로 탄생되었다. 촉박한 시간으로 새로운 도안을 연구할 시간이 부족했던 헤렌드는 인도의 꽃 디자인 중 6개의 작약 꽃 패턴을 중심으로 도안과 색상을 단순화하며 새로운 시리즈를 제작하게 되었다. 차이니즈 부케Chinese Bouquet라고도 불리는 아포니 시리즈는 블루, 핑크, 그린 등 다양한 컬러로 현재까지도 지속적으로 생산되고 있다.

전통적인 중국과 일본의 도자기에 큰 영향을 받았음에도 자신만의 디자인으로 풀어내며 발전한 헤렌드는 마이센 모방 회사라는 이미지를 벗어나 점차 독자적인 스타일을 구축하여 세계적인 도자회사가 되었다. 헝가리가 공산주의 시절에는 생산이 극히 제한적이었으나 구소련이 쇠퇴하고 민영화가 자리 잡으면서 2006년경부터 60여 개국 이상의 나라에 수출하고 있다.

영국의 도자회사

독일의 마이센, 프랑스의 세브르, 덴마크의 로열 코펜하겐 등 각 나라를 대표하는 도자회사들은 왕가의 전폭적인 지원을 받으며 설립되었고 왕실 전용 자기만을 생산하며 최고의 품질을 추구하였다. 그러나 영국의 왕실은 한 곳을 지정하여 재정적 지원을 주지 않고 때에 따라 여러 도자회사 중 선택하여 어용御用가마로 지정하기도 하고 국가적인 기념행사에 맞추어 로열Royal이라는 칭호를 부여하였다. 유독 영국에 로열이라는 타이틀이 붙은 도자회사가 많은 것은 이 때문이다. 영국의 초기 도자 문화는 왕실이 아닌 민간의 주도로 설립되고 운영되었기에 경쟁적으로 넓은 소비 시장을 개척하며 발전할 수밖에 없었다.

19C 황금기를 이루었던 영국의 도자 산업의 중심에는 스토크 온 트렌트 Stoke-On-Trent가 있다. 중세부터 영국의 도자 중심지였던 스토크 온 트렌트는 우리나라의 이천, 여주와 같은 역사 깊은 도자기의 고장이며 18C 웨지우드를 비롯한 스포드, 로열 덜튼, 민튼, 앤슬리 등 유명 도자 요업소가 설립된 곳이다. 현재에도 영국의 주요 도자회사들의 본사 및 공장, 아울렛 등이 밀집되어 있어 영국 도자 애호가들의 발길이 끊이지 않고 있다.

영국 뿐 아니라 유럽의 많은 도자회사들이 세계적인 불황을 겪으며 합병되거나 제작 공장을 중국이나 동남아시아로 이전하였다. 그러나 한 그룹에 속해 있으면서도 역사를 가진 고유의 브랜드가치는 지켜오고 있다.

웨지우드Wedgwood 1759~, 재스퍼웨어Jasperware

웨지우드의 창업자인 조사이어 웨지우드Josiah Wedgwood는 대대로 도자기 제작에 종사해온 도공의 집안에서 태어나 일찍부터 도자에 관한 각종 고급 기술을 배웠다. 그는 도자기를 만드는 것 뿐 아니라 원료 및 유약 배합의 과학적 지식과 제조 기술력도 뛰어나 '영국 도공의 아버지'라 불린다. 당시 영국의 일부 도자 공장들은 중산층을 겨냥한 도자기를 주로 생산하였지만 웨지우드는 새로운 기형과 소재의 도자기를 영국 왕실에 선보이며 명성을 높였다.

설립 초기(1766년) 웨지우드가 제작한 백색의 도기 크림웨어Creamware는 유약 위에 전사지를 붙이는 기법을 도입하며 주목을 받았다. 이는 제작비용의 절감을 가져왔고 플린트Flint를 하소煆燒한 소재의 사용은 이전의 도기보다 얇으면서 자기에 가까운 질감을 주었다. 부드러운 백색 광택의 크림웨어는 가정적이고 검소했던 국왕 조지 3세George Ⅲ의 왕비 샬롯Charlotte

의 주문을 받으며 여왕의 직속 도자기라는 뜻의 '퀸즈 웨어Queen's Ware'
라는 칭호를 받았다. 언제나 새로운 실험으로 독창적인 도자기를 선보였
던 웨지우드는 1773년에 왁스 비스킷Wax Biscuit을, 1766년에는 블랙 바살
트Black Basalt로 불리는 석기질의 도자기를 차례로 개발하였고 이를 토대
로 수천 번의 실험 끝에 1775년에는 지금의 웨지우드사를 대표하는 독특
한 기법인 재스퍼웨어Jasperware를 완성하였다. 재스퍼웨어는 자기에 가까
운 반투명의 석기Stoneware질이다. 주로 코발트나 여러 가지 안료를 첨가
하여 블루, 그린, 블랙 등의 컬러로 제작한 후 그 위에 카메오Cameo 세공
과 같은 백색의 반부조Low-Reliefs 장식을 덧붙여 유약 처리를 하지 않고 무

포틀랜드 항아리Portland Vase

유리, 1C경 로마시대(영국박물관)　　　　재스퍼웨어, 1790년경(빅토리아&앨버트뮤지엄)

광으로 완성되었다. 18C 로마유적의 대대적인 발굴로 인한 그리스, 로마시대 문화의 유행은 웨지우드에게도 큰 영향을 주었다. 특히 1790년 소유자인 공작부인의 이름을 따서 '포틀랜드 항아리'라 불리던 로마 시대의 불투명 유리 항아리(바르베리니 항아리Barverini Vase)를 재스퍼웨어로 복원하면서 영국의 상류층을 중심으로 큰 주목을 받았다.

그리스 로마 시대를 떠올리는 신화적 요소는 재스퍼웨어의 반부조 장식의 주요 소재로 제작되고 있었다.

신고전주의 양식의 디자인은 재스퍼웨어 뿐 아니라 본차이나로 제작되는 테이블웨어에서도 지속적으로 선보이고 있다. 대표적인 플로렌틴Florentine 시리즈는 1872년부터 생산되고 있는 웨지우드사의 시그니처 라인으로, 불사조로 상징되는 사자 몸통에 독수리 머리와 날개를 단 신화적 존재에서 모티브를 가져왔다. 옐로우, 블랙, 골드 등 여러 가지 컬러로 제작되었지만 지속적으로 생산되고 있는 대표 컬러는 터쾨즈Turquiose 블루라 불리는 청록빛의 터키쉬 블루 컬러이다. 플로렌틴 시리즈의 일부는 전사를 사용하고 있으나 공정의 마지막 단계는 에나멜링 기법으로 디자이너들이 직접 채색하고 있다. 또한 비교적 근간에 제작된 프시케 Psyche 시리즈는 인간이지만 아름다운 미모로 여신 비너스의 질투를 받게 된 프시케가 갖은 시련을 이겨내고 그의 아들인 큐피트와 사랑을 이루어내는 신화를 바탕으로 제작되었다. 이 신화는 고전 회화나 건축의 단골 소재였으며 주로 프시케를 나비의 형상으로 표현하고 있어 디자인의 유래를 가늠할 수 있다.

웨지우드사의 디자인 중 티웨어로 제작된 퀸 오브 하트 Queen of Heart시리즈는 애프터눈 티 파티에 초대된 숙녀의 드레스를 소재로 삼아 제작되었다. 이후 출시된 옐로우

플로렌틴 터쾨즈 Florentine Turquoise

리본Yellow Ribbons 역시 티 컬렉션으로 제작되었는데 퀸 오브 하트에서 형태의 변화를 주지 않고 옐로우 컬러를 메인으로 패턴을 재해석한 디자인이다. 그 밖에 창시자 조사이어 웨지우드 부인인 사라 조사이어의 이름을 따서 제작된 사라의 정원Sarah's Garden이나 와일드 스트로베리Wild Strawberry는 영국의 전원생활을 묘사하는 대중적인 디자인으로 웨지우드사의 스테디셀러이자 베스트셀러로 손꼽히고 있다.

스포드Spode 1770~, 본 차이나의 완성 _

스포드의 발전은 경쟁적이었던 영국 도자사를 잘 보여주고 있다. 유럽의 왕실 가마들이 기술력을 바탕으로 최상의 제품만을 추구할 때 영국의 도자회사들은 왕실만이 아니라 도자기를 살 수 있는 재력을 가진 사람은 누구나 소비자로 보았다. 새롭게 문을 연 도자 공장은 상업성을 바탕에 두고 제작되었으며 중산층 시장을 겨냥하여 비교적 저렴한 청화 도기나 색채가 적은 법랑 기물을 생산하였다.

설립자 조시아 스포드Joshia Spode는 16살의 어린 나이에 견습공으로 들어가 30대 후반에야 오래된 도기 공장을 인수할 수 있었다. 스포드는 초기에는 중국풍을 모방한 청화도기를 주로 생산하였지만 1784년 하회 전사기법을 완성함으로써 영국 내에서 주목을 받기 시작하였다. 유약을 입히기 전에 인쇄된 판박지를 붙이는 하회 전사 기법은 유약을 입힌 후 전사지를 붙이는 공정보다 비교적 덜 숙련된 기술자들도 쉽게 작업할 수 있어 보다 빠른 대량 생산이 가능하였다. 또한 어느 온도에나 안정적인 발색을 내는 코발트 안료를 주로 사용함으로써 복잡한 도안과 문양도 선명하게 표현되었기 때문에 최종 번조 후의 실패율 또한 적었다. 스포드가 완성한 하회 전사 기법 Under-Glaze Blue Transfer Painting은 생산 비용의 절감을 가져오며, 19C

전반에 걸쳐 영국 도자 공장의 산업화 및 대중화에 큰 영향을 주었다. 영국을 대표하는 본차이나Bone China의 완성 역시 1796년 스포드의 손에서 이루어졌다. 소의 뼛가루Bone Ash와 자기질의 태토를 혼합하여 완성되는 본차이나는 번조의 최고 온도가 1,230℃ 내외이면서도 고령토를 주원료로 하는 1,400℃ 내외의 중국 자기 재질과 유사하였기 때문에 영국 도자회사들은 경쟁적으로 본차이나 재질의 도자기 제작에 나섰다. 원래 본차이나는 런던 동쪽에 위치한 보우 자기공장Bow Porcelain Factory에서 1750년경부터 생산되었지만 주변의 많은 도자회사들이 본차이나의 개발을 서로 견제하며 함께 발전해왔기에 각각의 원료 배합률에는 미세한 차이가 있었다. 그리고 그중 가장 백색도와 투광성이 뛰어난 스포드의 본차이나가 상업적인 성공을 거두었다.

블루 이탈리안Blue Italian

가업을 물려받은 스포드 2세는 뛰어난 사업가였다. 아버지의 업적을 바탕으로 골회의 함량을 높여 파인 본차이나를 완성하고, 원가 및 연료의 절감을 통해 품질은 뛰어나면서도 값은 저렴한 도자기를 선보이며 넓은 소비 시장을 개척하였다. 1806년 왕실의 인증서를 받으며 브랜드의 가치를 높였으며 1816년에는 스포드의 대표 디자인 블루 이탈리안Blue Italian을 출시하였다. 쉬누아즈리 양식의 테두리에 고대 로마 유적이 남아있는 이탈리아의 시골 풍경을 메인 장식으로 한 블루 이탈리안 패턴은 당시 신고전주의의 영향으로 재력가의 자제들이 로마의 유적지를 여행하며 견문을 넓히는 그랜드 투어의 유행과 더불어 영국인들의 대중적인 사랑을 받았다. 중국풍의 청화와 유럽의 신고전주의가 공존하는 영국 특유의 감수성이 돋보이는 블루 이탈리안 디자인은 200여 년이 지난 현재까지도 스포드를 대표하는 패턴으로 생산되고 있다.

민튼Minton 1793~, 윌로우willow 패턴 _

1793년 스토크 온 트렌트 지역에서 토마스 민튼Thomas Minton이 설립한 민튼Minton 가마 역시 쉬누아즈리의 영향을 받은 청화도기를 제작하면서 영국의 중산층에게 인기를 얻었다. 특히 중국 풍경의 윌로우willow(버드나무) 패턴은 산수와 인물이 그려진 중국 자기에 영감을 받은 토마스 민튼에 의해 1798년부터 제작되어, 민튼 뿐 아니라 스포드, 로열 딜튼, 콜포트 Coalport 등 유명 도자회사에서도 제작되었다. 스포드 가마와 민튼 가마 간의 원조 논쟁이 있기도 하였지만 마이센의 블루 어니언 패턴처럼 윌로우 패턴도 18C 후반부터 19C에 걸쳐 영국의 여러 가마들에서 통용되던 유행 디자인이었다. 얼마나 많은 도자 공장들이 윌로우 패턴을 사용하였는지 알 수 없을 정도로 크고 작은 도자회사들이 윌로우 패턴을 이용한 도자기를 대량으로 생산하였다. 배치의 차이가 있긴 하지만 중심에는 버드나무, 오른쪽에 중국풍 누각, 왼쪽으로 반원형의 다리, 그것을 건너는 남녀 인물, 상부에는 두 마리 새와 지붕이 있는 배 한척이 그려지는 공식이 있었다. 이 공식은 '신분이 다른 사랑하는 남녀의 비극적 결말에 신이 두 마리의 새로 환생시켜주었다'는 내용을 주요 골격으로 한 다양한 연애담으로 만들어지면서 출판과 공연으로 이어질 정도로 인기를 얻었다.

윌로우willow 패턴

전사지를 이용한 윌로우 패턴 도자기는 핸드 페인팅으로 제작된 자기보다 저렴하면서도 많은 내용의 그림을 담을 수 있었고 영국에서도 유행했던 동양 문화에 대한 관심으로 이국적인 분위기를 느끼고 싶었던 중산층을 중심으로 빠르게 소비되어 가정에 장식되었다.

로열 알버트Royal Albert 1894~, 올드 컨트리 로즈Old Country Roses _

로열 알버트Royal Albert 역시 많은 도자회사가 모여 있는 스토크 온 트렌트에서 시작되었다. 토마스 와일드Thomas Clark Wild와 그의 아들 2명이 함께 세운 작은 도자기 회사는 이듬해 태어난 빅토리아 여왕의 손자인 알버트George VI의 탄생과 더불어 '알버트Albert'라는 동명의 브랜드를 런칭하였다.

우아하면서도 동양적인 느낌이 풍기는 테이블웨어를 생산했던 알버트는 1897년 빅토리아 여왕의 재위 60주년 기념품을 제작하면서 더욱 유명해졌고 얼마 지나지 않은 1904년 국왕의 승인을 받아 '알버트'라는 브랜드 네임 앞에 '로열'을 붙일 수 있게 되었다.

로열 알버트의 디자인은 빅토리아 왕조에 각광을 받던 화려하면서도 고전적인 분위기를 풍기는 플라워 프린트가 주를 이루며 도자기의 형태에도 곡선을 많이 주어 로맨틱하고 여성스러운 것이 특징이다. 그 중 1962년 판매되기 시작하여 2013년 기준으로 150만 개가 넘는 판매량을 기록한 올드 컨트리 로즈Old Country Roses, 일명 '황실 장미'시리즈는 로열 알버트가 세계적 브랜드로 사랑받는 계기가 되었다. 황실 장미시리즈는 1962년부터 지금까지 지속적으로 생산 중이지만 시기별로 백마크의 차이가 있다. 2002년 제작 공장을 인도네시아로 옮기면서 오이엠OEM 방식을 채택하였기 때문에 빈티지 제품을 원한다면 백마크에 'England'가 포함되어 있는지 확인할 것을 권한다. 그러나 하청 생산 방식이 반드시 브랜드의 가치 하락을 가져오는 것은 아니다. 공장의 이전 후 로열 알버트는 누구나 좋아할 만한 디자인을 부담스럽지 않은 가격으로 선보이며 대중들의 사랑을 받고 있다.

올드 컨트리 로즈Old Country Roses

로열 크라운더비Royal Crown Derby 1745~ , 올드 이마리Old Imari _

올드 이마리Old Imari #1128

1745년 '더비Derby'라는 요업회사로 시작되었지만 1775년 조지3세George Ⅲ에게 왕실 자기 납품권을 부여받고 백마크에 왕관무늬를 넣으면서 '크라운더비Crown Derby'가 되었다. 1890년 빅토리아 여왕의 전용 자기로 지정되면서 로열이라는 칭호를 붙이게 되어 지금의 '로열 크라운더비Royal Crown Derby'라는 이름이 완성되었다.

초기 많은 유럽의 가마들이 동양풍의 디자인을 적극적으로 받아들이며 제작되었지만 그 중에서도 로열 크라운더비는 일본의 이마리 자기에 강한 영향을 받았다. 일본의 이마리 자기가 유럽에서 유명하게 된 것은 카키에몬 양식이었다. 그러나 18C 후반 이마리의 자기는 화려함을 추구하였던 유럽인들의 취향에 의해 금채를 사용한 킨란테金襴手 양식이 선호되었다. 원래 일본에서 킨란테는 1500년대 금색을 채색한 도자기를 지칭하였는데 유럽으로 수출되어 인기를 얻으면서 청화로 진하게 밑그림을 그리고 남색이나 적색의 안료로 화려하게 채색한 후 그 위에 금채를 입히는 방식으로 정착되며 유럽인들에게 '올드 재팬Old Japan'이라는 별칭으로 불리었다. 마이센의 블루 어니언 시리즈처럼 많은 도자회사들이 올드 재팬의 모방품을 만들었다. 그 중에서도 로열 크라운더비는 올드 재팬을 응용하여 쉬누아즈리와 자포니즘Japonism이 혼재된 독창적인 디자인을 꾸준히 발표하며 올드 이마리Old Imari 시리즈를 완성하였고 이제는 '올드 이마리'라는 이름이 로열 크라운더비를 대표하게 되었다.

올드 이마리 시리즈는 출시될 때마다 각각의 디자인들에 번호를 부여하고 한 번 생산한 후에는 재생산을 하지 않아 엔티크 컬렉터들에게 인기가 높다. 기물 밑면의 표기에 따라 이마리 트레디셔널Imari Traditional 혹은 올드 이마리라 구분되기도 하지만 코발트와 붉은색으로 꽃무늬가 그려지고 마름모꼴 등의 기하학적인 금채의 페인팅이 정교하게 하나하나 수작업으로 이루어진 점은 동일하다. 그 중에서 #1128과 #2451이 대중적으로 사랑받고 있으며 #1128은 1901년 출시 이후 현재도 제작되고 있는 유일한 디자인이다. 로열 크라운 더비의 올드 이마리 시리즈는 가장 일본스러운 도자기였던 이마리 자기를 더비만의 모델로 발전시키며 자신만의 독자성을 추구하고 있다.

또한 로열 크라운더비의 로열 앙트와네트Royal Antoinette 시리즈는 200여 년 전 유행했던 동양풍의 꽃장식을 영국식으로 풀어내며 올드 이마리의 이미지와는 전혀 다른 매력으로 홍차를 사랑하는 이들의 티웨어로 사랑받고 있다.

그 외의 도자회사

러시아 로모노소프Lomonosov 1744~, 코발트 넷Cobalt Net

로모노소프Lomonosov의 전신은 표트르 황제Peter The Grate의 차녀 엘리자베스 여왕Empress Elizabeth에 의해 1744년 당시 러시아의 수도였던 상트페테르부르크에 설립된 러시아 최초의 도자 공장이었다. 이후 1765년 러시아 로마노프 왕조의 황실 자기만을 생산하며 황실 자기 공장The Imperial Porcelain Factory으로 전성기를 누리다 1917년 볼셰비키 혁명으로 공장이 국유화되면서 아카데미 소속인 '국립 자기 작품State Porcelain Works'으로 불리게 되었다. 이후 1925년 러시아 과학 아카데미 200주년을 기념하기 위해 설립자인 과학자 미하일 로모노소프Mikhal Lomonosov의 이름이 공장의 이름으로 헌정되며 현재까지 유지되고 있다. 2005년 18C 황실 자기를 생산했던 전성기의 명칭 The Imperial Porcelain Factory으로 회사 이름이 변경되었지만 아직까지도 국내에서는 로모노소프Imperial Lomonosov라는 브랜드 네임으로 활발한 마케팅을 펼치고 있다.

18C 러시아의 예카테리나여왕Ekaterina II을 위해 제작된 러시아의 첫 디너웨어에서 모티브를 얻은 코발트 넷Cobalt Net 패턴은 1949년 생산된 이래로 로모노소프의 시그니처 디자인이 되었으며 넷 블루스Net Blues로 불리는 레드 라인과 더불어 현재까지도 가장 많은 사랑을 받고 있다. 그물 모양을 형상화한 코발트 넷 패턴은 상당 부분이 수작업으로 이루어지고 있으며, 근래에 들어서는 페인터의 고유 서명을 백마크에 표기하며 브랜드의 가치를 높이고 있다.

코발트 넷Cobalt Net

일본 노리타케Noritake 1904~

일본에서 가장 오래된 양식기 회사인 노리타케Noritake사社의 시작은 전통적인 도공의 집안이 아닌 1876년 이치자몬 모리무라Ichizaemon Morimura가 일본 상품을 미국에 수출하기 위하여 뉴욕에 세운 'Morimura Brothers'라는 일본 전통 기념품 매장이었다. 이 곳에서 특히 도자 제품의 인기가 높아지자 모리무라는 1904년 일본 나고야 근처 노리타케 마을에 일본 도기 회사Nippon Toki Kaisha를 설립하면서 도자기를 생산하며 관리하였다. 유럽식의 설비와 도자 기술을 유입하며 설립 후 10년 만인 1914년 일본 최초의 디너 세트인 세단Sedan을 완성하였고 지속적으로 품질을 개선하며 미국에 수출하게 되었다. 이후 유럽 시장에 도전해 1935년에는 일본 최초의 본차이나를 완성하여 본차이나의 본고장으로 수출하고 있다.

노리타케의 테이블 웨어는 동양 특유의 감수성을 담은 과하지 않은 디자인과 우아한 골드 라인으로 국내에서 사랑받고 있다. 특히 설립 100주년을 기념하며 출시한 쁘띠 골드Petit Gold 컬렉션은 5인조 홍차잔 세트로 노리타케를 대표하는 다섯 가지 패턴을 한 번에 볼 수 있어 로맨틱하고 여성적인 디자인을 선호하는 홍차 애호가들의 관심을 받았다. 쁘띠 골드 컬렉션은 페르시아풍의 꽃무늬 패턴인 하나 사라사Hana Sarasa와 그를 응용하여 블루 버전으로 제작된 블루 소렌티노Blue Sorrentino, 다채로운 색상의 과일 무늬의 포트쇼어Portshore, 아기자기한 꽃무늬와 옐로우 그라데이션의 젠 플레르Jeune Fleur, 리본 테두리와 풍성한 초록

하나 사라사Hana Sarasa

잎이 돋보이는 그린 플라워Green Flower로 구성되어 구연부는 골드라인으로
장식되었다.

노리타케라는 이름은 '일본 도기회사'를 대표하는 브랜드 네임으로 쓰이
다가 1981년 정식으로 회사명을 노리타케Noritake Co.,
Ltd.로 변경하였다. 차와 도자 애호가들에게는
테이블 웨어로 익숙하지만 도자 제조기술
과 공정을 응용한 공업 기자재 및 산업용
세라믹Ceramic 등의 테크놀로지 분야가
매출의 85%를 차지하는 요업회사이다.

블루 소렌티노Blue Sorrentino

홍
차
학
개
론

Chapter 3.

홍차학개론

홍 차 의
이 　 해

...

Chapter III. 홍차의 이해

차Tea

차茶(Tea)라고 하는 것은 식사 후나 여가 시에 즐겨 마시는 음료로 카페인류를 함유한 비알코올성 기호음료를 말한다. 그러면 우리들이 '차 한잔하자'며 마시는 커피, 인삼차, 코코아 등은 무엇일까? 엄밀한 의미에서 '차'라고 하는 것은 차나무에서 찻잎을 따서 다양한 가공 방법으로 만든 것들만을 '정통차正統茶'라고 하고 차나무가 아닌 커피나무, 인삼 등에서 채취해 만든 마실 거리들은 '대용차代用茶'라고 부른다. 차는 약리적 효능에 의한 보건 음료로부터 시작하여 천지신天地神과 조상 제례祭禮, 차례茶禮에 사용되면서 점차 일상생활 중에 마시는 기호음료로 발전되어 왔다. 1980년대 이전에는 차, 커피, 코코아가 세계 3대 기호음료로 주류를 이루었으나 1980년대 이후에는 다양한 과즙음료들이 등장해 차, 커피, 코코아, 과즙음료로 4대 기호음료가 되었다. 동양에서 시작된 차는 세계인구의 50%가 즐기는 웰빙 음료로 당당히 자리 잡고 있다. 2005년 Time지誌에서 10대 건강식품 - 토마토, 포도주, 마늘, 시금치, 귀리, 블루베리, 연어, 견과류, 브로콜리, 녹차 - 중에 녹차가 포함됐다. 그런 이유로 인해 21C에 차는 단순한 기호음료에서 건강음료 및 기능성음료로 전환되고 있을 뿐만 아니라 다양한 차 문화 콘텐츠로 거듭나고 있다. 생활화된 차는 차를 좋아하는 사람들이 서로 만나 이야기를 나누며 각 민족의 특성에 따라 사랑받아 왔고, 독특한 차 문화가 형성되어 국경과 민족을 초월하여 서로의 문화에 영향을 주며 인간 생활의 다양한 모습을 알게 되는 계기로 발전되고 있다.

차나무Camellia sinensis _

차나무는 동백나무과에 속하는 아열대성 상록의 다년생 종자식물로 열대지방에서부터 온대지방에 이르기까지 광범위하게 분포하며 재배, 생산되고 있다. 학명은 '*Camellia sinensis* (L) O. Kuntze'다. '카멜리아Camellia'는 동백나무, '시넨시스sinensis'는 중국을 뜻하고, '(L)'은 린네, 'O. Kuntze'는 쿤츠의 이름에서 따온 것이다. 차나무의 생김새는 잎은 짙 푸

운남 대엽종, 중국 소엽종, 인도 아삼종

른 긴 타원형으로 잎 둘레에 톱니가 있으며 약간 두텁고 윤기가 흐르고 질기다. 꽃은 9월에서 11월 사이에 걸쳐 흰 장미나 찔레꽃 같은 꽃이 피며, 동백나무 씨앗 같은 열매는 꽃이 핀 이듬해인 10~11월 사이에 영글므로 가을에 새 꽃과 열매가 만난 후 익어 터진다. 그래서 이 차나무를 실화상봉수實花相逢樹라고 부른다. 뿌리는 세근細根이 적고 깊이 흙 속에 내리며 주근은 2~4m까지 뿌리를 내리는 심근성深根性이다. 차나무를 형태로 분류하면 관목형의 중국 소엽종과 교목형인 중국 대엽종으로 나누는데 인도 아삼종은 교목형에 속한다. 중국 소엽종 Var. Sinensis은 중국 동남부, 한국, 일본 등 온대 지방에서 자라는 관목으로 내한성이 강하다. 나무의 크기는 2~3m이며 잎이 작고 단단하여 녹차 제조에 적합하다. 인도 아삼종Var. Assamica은 고온 다습한 아열대 지역에 생육하는 내한성이 약한 교목으로 키가 10~15m까지 자라며 잎이 크고 두텁다. 홍차 제조에 알맞은 품종으로 구분되나 수많은 변종들이 있다. 카멜리아 시넨시스 캄보디에니스Var. Cambodiensis는 교목으로 약 5m까지 자라며 주로 교배종을 만들기 위해 사용된다. 현재는 위의 세 품종을 기본으로 자연적으로 발생한 수많은 품종Subvarity과 이 셋을 교배하여 인위적으로 만든 수많은 개발된 품종Cultivar이 있다. 차나무는 기온이 연평균 14~16℃이고 연간 강수량이 1,300mm이상인 지역에서 잘 자라며 일교차가 크고 서늘하며 공중습도가 높은 지역의 품질이 우수하다. 홍차 생산은 적도와 북회귀선 중간에 해당하는 티벨트Tea Belt라고 불리는 지대의 산악지에 대부분 분포되어 있다.

차의 전파 – 육로陸路(Cha)와 해로海路(Tea-Te) _

중국에서 BC 2700년 전 신농 황제 때부터 마시기 시작했다는 차는 어떻게 세계로 전파되었을까? 차의 전파 확산을 어원으로 살펴보면 크게 육로陸路(Cha)와 해로海路(Tea-Te)를 통해 전해진 것으로 본다. 육로의 차는 불교와 더불어 다양한 무역로를 통해 전파되었다. 220년경부터 베트남, 라오스, 미얀마 등에 전파된 것을 시작으로 5C 전부터는 실크로드를 통해 서역 여러 나라에 전해졌다. 티베트에는 7C경 당나라 문성공주文成公主가 시집을 가면서 차를 전파했다. 우리나라에는 자생차가 있었다. 그러나 828년 신라 흥덕왕 때 대렴공이 지금의 지리산에 차 씨앗을 심어 재배차의 시초가 되었다. 일본의 경우 805년 승려 사이쵸가 중국 유학 후 전파했다는 기록이 있다. 그러

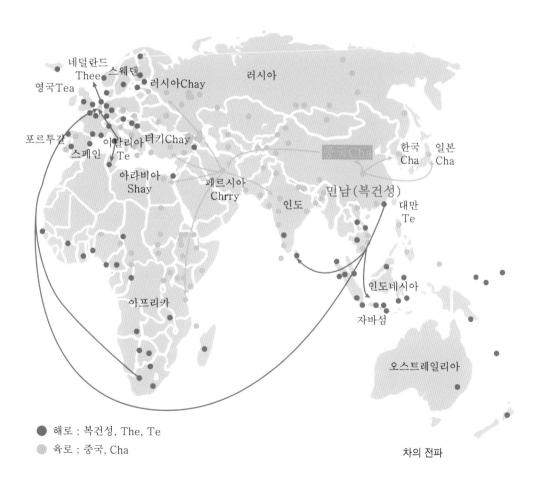

차의 전파

나 12C 초 에이사이榮西 선사가 중국에서 차 씨앗을 들여와 차나무 재배가 본격화되었다. 이렇게 중국, 한국, 일본, 몽고(12C), 러시아(明代) 등 육로로 퍼져 나간 곳에서는 광동어 계통의 'Cha'라는 명칭을 쓰고 해로로 전파된 곳에서는 복건성의 발음인 'Tea-Te'라는 명칭을 쓴다. 아시아 전역으로 퍼져 나간 차는 16C 대항해시대에 이르러 마침내 유럽까지 전파되었다. 중국차가 최초로 유럽에 알려진 것은 베네치아의 저술가 G. 라무시오Giovanni Battista Ramusio의 저서 『항해기』에서다. 이어 네덜란드의 린스호텐Jan Huyghen Van Linschoten이 『동방안내기』에서 일본차에 대해 상세히 소개했다. 또 이탈리아의 수도사 마테오리치Matteo Ricci는 중국차와 일본차의 차이에 대해 설명을 했다. 이렇게 유럽에 알려지게 된 동양의 차는 1609년부터 세계의 해상 재패권이 스페인과 포르투갈에서 네덜란드와 영국으로 넘어가면서 본격적으로 유럽에 전파되기 시작하였다.

네덜란드는 포르투갈이 동양의 특산물인 비단, 향료(후추) 등을 리스본으로 수입하면 이들 물산을 다시 프랑스, 네덜란드, 발트해 방면으로 중개 무역을 해서 부를 축적했다. 그런데 포르투갈이 1595년 리스본에서 네덜란드 선박을 축출하자 직접 동인도 방면으로 배를 파견했다. 이것이 포르투갈에서 네덜란드로 해상 재패권 이동의 첫 시작이다. 1596년 네덜란드의 상선대가 자바의 반탐Bantam에 도착하여 동양 무역의 거점을 구축하였고 1609년 동인도 회사의 선박이 일본의 히라도平戶에 처음 내항했다. 네덜란드상인들이 그 이듬해인 1610년 히라도로 부터 구입한 일본차와 마카오에서 포르투갈인을 통해 사 모은 중국차를 자바섬의 반탐에서 본국으로 보낸 것이 차의 첫 유럽 여행이다.

이렇게 유럽에 건너간 차는 스칸디나비아제국과 독일, 프랑스 등 유럽에 전파되었다. 영국에는 1630년 중반 네덜란드 동인도회사를 통해 가장 늦게 전파되었으나 홍차문화의 발상지가 되었다. 18C에는 영국에서 꽃피운 홍차문화가 전 세계로 역 수출되면서 동양에서 건너간 홍차는 전 세계인이 즐기는 음료로 확고하게 자리를 잡았다.

차의 분류 _

차는 차나무에서 찻잎을 채취하는 시기나 찻잎형태, 재배방법, 품종, 생산지역, 가공방법 등에 따라 다양한 종류의 차가 생산된다. 그러나 일반적으로 차는 산화 정도와 가공방법에 따라 분류되고 있다.

산화酸化와 발효醱酵

차의 발효(산화)란 일반적인 미생물에 의한 발효가 아니라 찻잎 속에 함유된 폴리페놀Polyphenols 성분이 산화효소인 폴리페놀 옥시다아제Polyphenol Oxidase에 의해 산화되어 녹색의 찻잎이 누런색인 테아플라빈Theaflavin이나 붉은색인 테아루비킨Thearubigin, 갈색인 테아브로닌Theabrownin으로 변하면서 독특한 향기와 맛을 형성하는 과정을 말한다. 이러한 변화는 미생물이 관여 하는 것이 아니라 전적으로 찻잎 속의 산화효소에 의한 것이므로 발효가 아니라 산화이다. 그러면 왜 이것을 '차의 발효'라 하게 된 것일까? 19C 초 유럽 사람들은 유럽에 수입되던 홍차의 맛과 색의 변화를 미생물이 관여 하는 것으로 생각해 발효Fermentation라 이름 지었던 것이다. 그 후 홍차는 미생물이 관여하지 않는다는 것이 밝혀졌지만 오랫동안 써 오던 '발효'라는 말을 계속하여 사용하고 있다. 녹차는 살청을 함으로써 찻잎 속에 들어있는 산화효소인 폴리페놀 옥시다아제의 활동을 중지시키므로 산화를 억제해 녹색을 그대로 유지하도록 한다. 홍차의 경우는 살청은 하지 않고 유념을 통해 찻잎의 표면에 존재하는 폴리페놀과 산화효소가 접촉할 수 있도록 찻잎의 조직을 파괴하여 산화를 촉진시켜 홍색으로 변하도록 제조하는 것이다. 그에 비해 '발효'란 어떤 대상물질(차)에 적당한 온도와 습도가 있을 때 미생물이 작용해 사람에게 유익한 유기물을 만드는 과정을 말한다. 흑차를 보면 살청을 통해 산화를 일부 억제하고 그 후에 찻잎에 발효가 일어날 수 있는 조건, 즉 습도와 온도, 미생물을 조성하여 숙성시켜 만든다. 때문에 기존의 효소작용에 의한 산화와는 차이가 있다. 이것을 발효차라 부른다.

산화 정도에 따른 분류

비산화차 - 살청과정을 거쳐 산화를 전혀 시키지 않은 차. 증제 녹차 (0%), 덖음 녹차 (0%)

부분 산화차 - 산화가 12~60%정도 이루어진 차. 포종차 (12~15% 내외), 철관음, 우룽차, 무이암차 (25~40% 내외), 동방미인 (60% 정도)

산화차 - 85%이상 산화된 차. 홍차 (85% 이상)

후 발효차 - 전 처리 후 다시 발효를 시키는 차. 보이차류

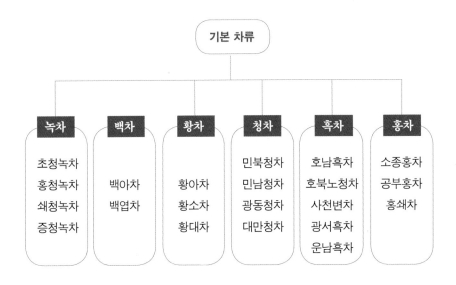

제다 방법에 따른 분류 - 6대 다류

중국에서 시작된 분류법에 따르면 차는 녹차, 백차, 황차, 청차, 흑차, 홍차 이렇게 여섯 종류로 나눌 수 있다. 이것은 채엽한 신선한 찻잎을 각기 다른 가공법으로 완성시킨 차를 구분하는 방법이다.

한 그루의 차나무에서 채엽한 찻잎으로 가공 방법만 달리하면 여섯 종류의 차를 만들 수 있다. 차를 만들 때 먼저 어느 시기에 찻잎을 따는가? 찻잎의 어떤 부위를 채엽하는가? 살청을 하는가? 위조(시들리기)과정이 있는가? 위조는 어떤 방법으로 하는가? 유념은 어떻게 하는가? 산화 과정이 있는가? 등의 가공법의 차이가 녹차, 백차, 황차, 청차, 흑차, 홍차 등의 다른 종류의 차를 만들어 내는 것이다. 6대 다류의 차이는 가공과정에서 생긴다.

	녹차	백차	황차	청차	흑차	홍차
제다과정		위조		위조	살청	위조
	살청		살청	주청	유념	
	유념		유념	살청	건조	유념
			민황	유념	퇴적발효	산화
	건조	건조	건조	건조	건조	건조

탕색

마른잎

산화정도

그러나 6대 다류의 차는 그 차에 적합한 차나무 품종으로 가공했을 때 각 차마다의 특징이 확실히 나타나 가장 우수한 품질이 된다. 예를 들면 대엽종인 아삼종과 소엽종인 중국종으로 모두 홍차와 녹차를 만들 수 있다. 그러나 아삼종으로는 홍차를 만들고 중국종으로는 녹차를 만들었을 때 맛과 향이 더 뛰어나다.

각기 다른 가공법이 적용된 여섯 종류의 완성된 차에서 보이는 가장 두드러진 차이는 산화酸化정도에 있다. 비산화차인 녹차를 시작으로 백차, 황차 그리고 부분 산화차인 청차 순으로 산화도가 높아져 완전 산화차인 홍차에 이른다. 명칭은 우려진 차의 탕색에 의한 것이라고 보면 된다.

녹차와 홍차 _

녹차란 제다과정에서 찻잎에 열을 가함으로써(살청) 찻잎 속에 들어 있는 산화효소인 폴리페놀 옥시다아제의 활동을 중지시켜 산화를 억제해 녹색이 그대로 남아 있도록 만든 차이다. **녹차의 제다 과정은 '채엽 → 살청 → 유념 → 건조'로 이루어진다.** 반면 홍차는 찻잎에 들어 있는 산화효소가 일정한 작용에 의해 산소에 노출됨으로써(위조 – 유념) 찻잎속의 폴리페놀을 산화시켜 홍색으로 변하도록 제조된 차 이다. **홍차의 제다 과정은 '채엽 → 위조 → 유념 → 산화 → 건조 → 선별'로 이루어진다.** 선명한 적갈색을 띠며 찻잔 내벽의 가장자리에 황금색 환Golden Ring혹은 코로나Corona를 보이는 것이 품질이 좋은 차다.

홍차의 색

홍차의 적갈색은 밝은 오렌지색의 테아플라빈, 진한 홍색의 테아루비킨, 테아루비킨이 중합한 적갈색의 세 종류가 혼합하여 된 것인데 이 세 종류의 혼합비율에 의해 차의 색깔이 결정된다.

홍차의 향기

홍차의 향기는 위조를 하면 생엽에 비하여 약 10배가량 증가한다. 또 유념과 발효과정에서 산화효소의 작용에 의해 카테킨이 산화되고, 산화된 카테킨으로부터 다른 성분들이 연속적으로 산화되어 리나놀 옥사이드 Linalool Oxide 등과 같은 산화물 형태의 향기 성분이 많이 생성된다. 건조 공정에서는 잎이 건조되면서 향기 성분이 축적되어 더 강한 꽃향기 혹은 과일향 등이 난다.

홍차의 맛

홍차의 맛은 카테킨의 산화로 형성된다. 홍차의 생엽은 강한 쓴맛이 있지만 카테킨 류가 산화·중합되면 중합물은 물에 녹지 않는 불용성이 되므로 쓴맛은 줄어들고 약간 상쾌한 떫은맛이 난다. 상쾌한 떫은맛 성분은 산화 중합물인 테아플라빈Theaflavin류와 그 밖에 중中 정도의 분자량을 가진 카테킨 산화 생성물에 따른다. 여기에 카페인이 부가되어 홍차의 맛이 된다.

홍차의 어원 _

현재 세계에서 생산되는 차는 75~80% 이상이 홍차이고 나머지 20~25%는 녹차, 우롱차 그리고 흑차 등이 차지하고 있다. 녹차를 즐겨 마시는 한국, 일본, 중국 등을 제외하면 차는 곧 홍차를 의미한다. 이렇게 전 세계인이 즐겨 마시는 홍차는 어떻게 탄생 되었을까? 차의 발원지인 중국에서 녹차를 신고 유럽으로 이동하던 중 적도지방의 고온다습한 기후로 선창에 쌓아 둔 찻잎이 홍차로 발효되었다는 설이 있지만 이는 잘못된 정보이다. 차가 중국에서 유럽으로 수입되기 시작한 17~18C 무렵 중국 녹차는 '덖음차'여서 발효를 일으키는 산화효소의 작용이 억제되어 있기 때문에 이런 변화는 일어나지 않는다.

홍
차
학
개
론

이 무렵 중국에서는 여러 종류의 차가 만들어지고 있었는데 그중에는 '홍차의 원형'이라 할 수 있는 부분 산화차인 복건성의 일건식日乾式 '무이차Bohea'가 이미 제조되고 있었고, 무이산 숭안현 동목桐木촌에서는 1600년대 초부터 이미 발효차인 홍차正山小種 제조 기술을 보유하고 있었다.

청나라 초기(1616년) 복건성 일대에 남아 있던 명의 잔류 군대를 토벌하기 위해 청군이 무이산 동목촌에 들어 왔다. 때마침 차를 만들고 있던 마을 주민들은 완성치 못한 차들을 소나무로 불을 때서 급히 건조 시키고 도망쳤다. 청나라 군대가 물러난 뒤 돌아와서 보니 차는 소나무 연기가 베어 평소의 차와는 다른 차가 되어 있었다. 마을 사람들은 품질이 나쁜 차들을 싼값에 팔았는데 우연히 사 간 유럽인들이 이 차를 더 선호해 홍차의 기원이 되었다고 한다. 처음 네덜란드가 유럽으로 수입해 간 차는 녹차였고 영국이 네덜란드를 통해 구입하던 차도 여전히 녹차였다. 1689년 영국이 복건성 아모이 항(오늘날의 하문廈門)에서 직접 차를 구매할 무렵 녹차와 함께 부분 산화차도 함께 구매했을 것으로 추정된다. 1702년 영국 동인도회사의 주문서를 보면 하급녹차인 송라산松羅山이 ⅔, 고급 녹차인 대주(大珠, 임페리얼)가 ⅙, 나머지 ⅙이 무이차武夷茶의 비율로 구성되어 있는 것을 보면 그 당시의 영국 사람들은 녹차를 마신 것이 분명하다. 18C 초까지도 영국에서는 주로 녹차를 마셨는데 후반부터 차의 수요변화가 발효차로 급격히 바뀌기 시작하였다. 영국인들이 발효차로 기호를 바꾼 것은 두 가지 이유가 있다.

하나는 그 당시 유럽 귀족들에게 유행하기 시작한 중국적 취향Chinoiserie으로 차 소비가 급증하자 밀수입이 성행하고 악덕상인들이 수입차에 불순물을 섞어 팔았기 때문이고, 또 하나는 육식 위주의 식생활에서 식후에 차를 마시면 지방이나 단백질의 소화를 촉진하고 입안의 지방질을 깨끗이 씻어준다는 사실을 알게 되었기 때문이다. 영국인들은 녹차에서 점차 발효차로 기호를 바꿔가게 되었는데 그 속도는 매우 빨랐다. 1720년대 후반에는 발효차가 수입차의 45%를 차지했으며 1750년대 후반에서 1760년대 초기에는 66%로 증가하였고 18C 중엽부터는 수입차의 대부분이 발효차였다. 이 무렵 영국이 수입해 간 차는 오늘날의 홍차보다 우롱차에 훨씬 더 가까운 차였으리라 추측된다.

이와 같은 현상은 중국의 차 생산에도 영향을 미쳐 중국은 녹차보다 발효차의 생산을 늘리게 되었으며 홍차의 전신이라 할 수 있는 무이차 Bohea를 차츰 진화시킴으로써 마침내 홍차를 탄생시킨 것이다.

홍차의 다양한 분류 _

홍차는 차를 우리는 방식, 찻잎의 배합 및 첨가재료, 찻잎의 채취시기, 차를 마시는 방법, 제다공정, 찻잎의 등급, 포장 형태 등에 따라 분류 기준방법이 다양하다.

우리는 방식에 따른 분류

· **스트레이트 티Straight Tea** - 찻잎 이외에는 아무것도 첨가하지 않고 뜨거운 물에 우려내서 마시는 차(Hot Tea)로 Black Tea 의미를 내포한다. 유럽 상류층에서 즐기던 형태로 취향에 따라서 약간의 설탕을 가미할 수도 있다.

· **베리에이션 티Variation Tea** - 홍차를 제다하는 과정 중에 찻잎 외에 다른 재료를 첨가하여 만들거나 차를 우려내는 과정에서 밀크, 향신료 등을 첨가하여 즐기는 홍차를 일컫는다. 얼 그레이(베르가못 오일이 첨가), 허브티(Herb Tea), 과일티(Fruits Tea), 마살라 짜이(향신료차), 티 펀치, 로얄 아이스티, 생강밀크티, 티 라떼, 아몬드 밀크티 등이 있다.

찻잎의 배합에 따른 분류

· **스트레이트 티Straight Tea 혹은 다원차Single Estate Tea** - 동일한 시기에 한 다원Estate이나 다른 지역의 찻잎을 섞지 않고 같은 재배지의 찻잎만을 사용해서 만든 차를 말한다. 이러한 차는 산지의 기후와 풍토, 차나무의 종류에 따라 개성 있는 풍미를 지닌다. 시즌별, 산지별로 특징적인 맛과 향을 그대로 순수하게 즐길 수 있는 고가의 고급차로 맛이 부드럽고 향기가 풍부한 것이 특징이다. 중국의 기문, 전홍, 정산소종, 인도의 다르질링, 아삼, 스리랑카의 우바, 누와라 엘리야, 딤블라 등이 대표적이다.

· **배합차Blended Tea** - 참신하고 독창적인 맛을 제조하기 위해서 티 테이스터들이 다른 산지에서 생산된 차들을 둘 이상 섞어 배합하여 제품화 한 차들을 말한다. 언제 어디서든지 그 제품의 개성과 특징적인 맛과 향을 즐길 수 있는 것이 특징이다. 잉글리쉬 브렉퍼스트, 아이리쉬 브렉퍼스트, 잉글리쉬 애프터눈 티, 오렌지 페코, 헤러즈 Blend No.49(창립 150주년 기념티), 러시안 캐러반 등이 대표적이다.

· **가향차Flavory Tea** – 제다과정에서 천연 향신료나 과일, 꽃잎, 추출 오일 등을 첨가해서 만든 차를 말한다. 찻잎에 베르가못Bergamot, 정향나무Clove,

사과Apple, 꽃잎 등의 향을 더해 만든다. 오후에 마시는 차로서 적당하다. 설탕을 약간 첨가하면 차의 향을 돋궈주며, 미적 효과를 주기 위해 차에 꽃잎을 띄우기도 한다. 얼 그레이, 애플티, 민트티, 마살라 짜이, 진저티, 로즈티, 크리스마스 티 등이 있다.

채취 시기에 따른 분류

· **봄차First Flush Tea** – 3~4월에 수확한 차로 탕색이 연하고 푸른 빛을 띠며Green, 독특하게 싱그럽고 푸르른 맛과 향을 가지고 있다. 신선한 풀향Grassy과 화향Floral이 난다.

· **여름차Second Flush Tea** – 6~7월에 수확한 차로 맛과 색이 봄의 차보다 좀 더 강하다. 과일향Fruity과 Muscatel향이 난다

· **가을차Autumnal Tea** – 10~11월에 수확한 차로 맛과 색은 더 진해지고 아로마가 부케Floral Bouquet로 발달한다. 단향Candy이 나기도 한다.

포장과 형태에 따른 분류

· **일상생활용 차Ordinary Tea** – 일반적으로 50~200g 단위로 소포장 되어 생산 판매되는 차로 다양한 형태의 포장지(종이, 비닐, 캔, 천 등)를 이용하여 포장된 차.

· **대량생산용 차Bulk Tea** – 생산지 다원 공장에서 도·소매업자에게 판매되는 큰 단위로 포장되어 판매하는 차.

· **스페셜 티Speciality Tea** – 특제 홍차로 특별한 형태로 포장한 스페셜 티.

· **Ice Tea용(↔ Hot Tea용)** – 아이스티에 용이하게 만든 차.

· **Tea Bag** – 차를 다양한 재료(종이, 천 등)를 이용하여 간편하고 편리하게 마실 수 있도록 Bag에 넣어서 만든 차.

찻잎의 등급(크기)에 따른 분류

· **Whole Leaf** – 보통 7mm이상의 크기로 잎 전체를 사용한다.
 FTGFOP 〉TGFOP 〉GFOP 〉FOP 〉OP 〉P 〉PS 〉S (표 3-1 참고)

· **Broken 등급** – 약간 자른 잎으로 크기는 2~4mm 정도이다. 적당한 강도

의 맛을 가지고 있어서 밀크티나 스트레이트 티
두 가지 스타일이 모두 가능하다. FBOP 〉BOP 〉
BP 〉BPS 등이 여기에 속한다.

. **Fanning 등급** - 통잎과 브로큰 입자가 걸러진 뒤
나머지 찻잎으로 만든다. Broken 등급보다 더 작
은 잎으로 1~2mm 정도이다. 고급 티백 등에 이
용되며 밀크티에 적합하다.

. **Dust 등급** - 매우 작은 분말 수준의 입자로 대부

분 티백에 사용되고 있다. 빨리 진한 차액을 만들 수 있다. 끝에 'D'가 붙는다.

티 타임에 따른 분류

. **Early Tea(Bed Tea)** - 아침에 일어나서 잠자리에서 마시는 차.

. **Breakfast Tea** - 아침 식사와 함께 마시는 차.

. **Elevenses** - 오전 11시경에 잠시 쉬면서 마시는 차.

. **Mid Day Tea** - 점심 식사 이후에 가볍게 마시는 차.

· **Afternoon Tea** - 오후 3시에서 5시 사이에 마시는 차, 영국인이 가장 즐기는 차.

. **High Tea** - 이른 저녁과 함께하며 편안하게 즐기는 차.

. **After Dinner Tea** - 저녁 식사를 마치고 여유롭게 마시는 차.

. **Night Tea** - 잠자리에 들기 전에 마시는 차.

제다 공정에 따른 분류

· **오서독스Orthodox 공법** - 찻잎을 위조한 후 유념을 통해 찻잎에 상처를 낸 후 산
화시키는 방법으로 채엽Plucking → 위조Withering → 유념Rolling → 산화Oxidation → 건
조Drying → 선별Screen → 포장Packing의 순서로 제다된다.

. **CTC 제법** - 찻잎을 위조한 후 유념하고 로트르반을 지난 다음 CTC머신을 통과

하여 둥글게 말아서 찻잎을 빠르게 산화시키는 제법으로 채엽Plucking → 위조Withering → 유념Rolling→로트르반 · CTC머신 → 산화Oxidation → 건조Drying → 선별Screen → 포장Packing의 순서로 제다된다. CTC라는 명칭은 Crush(부수고) - Tear(찢고) - Curl(둥글게 마는) 기능을 갖춘 기계의 앞 글자를 따서 지은 것이며 1930년대에 윌리엄 멕커쳐W. Mckercher에 의해 고안된 홍차 제법이다.

CTC 머신을 통과한 찻잎

홍차의 등급 _

홍차의 등급은 채엽 시 찻잎의 부위(혹은 형상)와 크기로 분류한다. 제다 공정(채엽 → 위조 → 유념 → 산화 → 건조 → 선별) 중 가장 마지막 단계에서 나뉘는데 보통 다양한 크기를 가진 '메시Mash'망에 의해 분류된다. 완성된 차를 틈새 크기가 다른 망으로 이뤄진, 몇 개의 포개진 채 위에 찻잎을 투입하면서 위에서부터 크기대로 분류한다. 이렇게 비슷한 크기의 찻잎끼리 모으는 작업을 재생가공이라고 하며 찻잎 등급 분류기준이 된다. 가장 위에 있는 채에 걸러지는 것이 통잎Whole Leaf, 그 다음이 브로큰Broken, 패

메시mash망

닝Fanning 등급이다. 잎의 크기와 잘린 정도는 제다 방법인 오서독스Ortho-dox공법과 브로큰Broken공법에 따라 다르며, 또 제다 중 잎을 파쇄Broken 하는 공정은 생산지마다 다르다. 생산 국가별로 등급 분류는 약간씩 다르지만 일반적으로 홍차의 등급별 분류는 인도와 실론이 중심이 된다.

찻잎의 부위

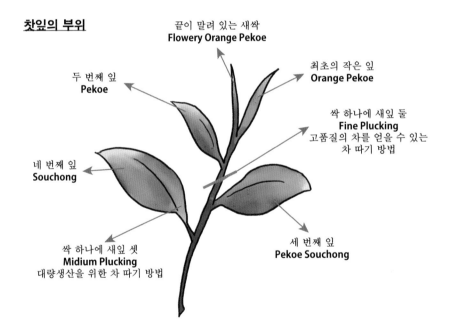

끝이 말려 있는 새싹
Flowery Orange Pekoe

두 번째 잎
Pekoe

최초의 작은 잎
Orange Pekoe

싹 하나에 새잎 둘
Fine Plucking
고품질의 차를 얻을 수 있는
차 따기 방법

네 번째 잎
Souchong

싹 하나에 새잎 셋
Midium Plucking
대량생산을 위한 차 따기 방법

세 번째 잎
Pekoe Souchong

홍차의 주원료가 되는 찻잎은 오렌지 페코OP이다. 산지별, 제다 공장별로 차이는 있지만 대체로 7~12mm 정도의 통잎Whole Leaf, 침형으로 얇은 새싹에 팁 Tippy을 많이 포함하고 있다.

· **플라워리 오렌지 페코Flowery Orange Pekoe (FOP)** - 싹과 바로 아래 있는 두 개의 잎으로 만들어진 차이다. 새싹Golden Tip과 부드러운 어린잎으로 이뤄진 아주 좋은 차를 의미한다. 이 중에서 특히 '골든 플라워리 오렌지 페 코Golden Flowery Orange Pekoe (GFOP)'는 싹Golden Tip이 더 많은 FOP로 만든 차이다. 현실적으로 가장 좋은 품질을 표시한다. GFOP부터 시작해 싹 의 비율이 점점 더 많아질수록 앞에 덧붙여지는 알파벳 숫자가 늘어난다.

· **오렌지 페코Orange Pekoe (OP)**- FOP보다 크고 긴 뾰족한 찻잎을 포함하 고 있다. 끝에 있는 싹이 잎으로 펴질 무렵 수확되므로 팁은 거의 포함되 지 않는다. FOP 보다 수확시기가 약간 늦으며 FOP보다 크고 길며 중심 잎 이 무겁고 두텁다.

· **페코Pekoe (P)** - OP보다 크고 경화된 잎으로 가공된 차이다.

오서독스Orthodox공법에 의한 등급

인도 다르질링의 경우는 OP의 통잎Whole Leaf을 인위적으로 부순 것이 아니 라 유념Rolling공정에서 잘리거나 부서진 것들은 BOP 등급이라 한다. 유념에 서 어린잎은 유연하고 부드러워서 유념이 쉬우나 조금 자란 잎은 2~3mm 정도이므로 쉽게 유념되지 않기 때문에 물리적인 힘과 압이 가해지면 부서 진다. 이때 이 부서진 잎들을 Broken이라한다. 다르질링이나 아삼에서 주로 사용하는 등급이다.

· **통잎Whole Leaf 등급** - 보통 7mm이상의 크기로 잎을 자르거나 분쇄하지 않은 잎 전체가 있는 상태로 완성된 차이다. 찻잎이 가지고 있는 섬세한 맛 과 모든 프로파일을 맛볼 수 있게 해준다. 가장 좋은 품질의 차로 분류된다. FTGFOP 〉 TGFOP 〉 GFOP 〉 FOP 〉 OP 〉 P 〉 PS 〉 S

· **브로큰Broken 등급** - 가공 전 1차 분류한 뒤 건조 후 선별에 따라 통잎 다음의 찻잎을 일컫는다. 2~4mm 정도의 약간 잘려진 잎으로 이 작은 입자 크기는 부서지기 전의 온전한 찻잎보다 더 강한 맛으로 우려진다. 밀크티나 스트레이트 티 두 가지 스타일이 가능하다.

FBOP 〉 BOP1 〉 BOP 〉 BP 〉 BPS

· **패닝Fanning 등급** - 통잎과 브로큰 입자가 걸러진 뒤 남은 찻잎으로 만든다. 1~2mm 정도의 크기이다. 고급 티백 등에 이용되며 밀크티에 적합하다. BOPF

· **더스트Dust 등급** - 패닝Fanning 등급보다 더 작은 미세한 가루 형태로 면적이 없으며 균일하지가 않다. 대부분 티백에 사용된다. 끝에 'D'를 붙인다.

Broken공법에 의한 등급

인위적으로 잎을 가늘게 자르거나 잘린 상태로 입자크기가 2~3mm로 가늘게 파쇄하여 만들어진 차이다. 차의 맛과 품질 등급을 일정하게 한다. 스리랑카에서 생산한 홍차의 경우 주로 로트르반을 사용하기 때문에 브로큰 등급이 주류를 이루고 있다.

* BOP, FBOP - 가장 흔한 등급이다

* OP, OP1 - 흔치 않다.

* FOP - 보기가 쉽지 않다.

* FBOPF(Flowery Broken Orange Pekoe Flowery)

* 고급 홍차에 붙는 수식어

　　Finest, Flowery, Tippy, Golden, No.1, Special, Extra 등은 통잎 Whole Leaf으로 만든 FOP등급으로 길이가 7~12mm보다 더 작은 크기(어린)의 정도를 나타낸다. 이는 각 다원에서 각자의 제품이 최상품임을 나타내는 일종의 마

홍차의 등급과 명칭

표 3-1

차의 구분	등급	명칭	특징
통잎 whole leaf	SFTGFOP	Special Finest Tippy Golden Flowery Orange Pekoe	봄차(spring season)에 해당된다.
	FTGFOP1	Finest Tippy Golden Flowery Orange Pekoe No.1	
	FTGFOP	Finest Tippy Golden Flowery Orange Pekoe	
	TGFOP	Tippy Golden Flowery Orange Pekoe	
	GFOP	Golden Flowery Orange Pekoe	bud(신아)가 금색을 띠는 것으로 인도 다르질링 경우 봄차는 5~7cm 정도이며 FOP 단계 등급의 차는 5~14일간만 생산된다.
	FOP	Flowery Orange Pekoe	
	OP	Orange Pekoe	새싹(Tips)이 매우 드물게 포함되며 원산지, 다원마다 다소 차이는 있지만 길이가 7~12cm 정도로 FOP보다 형태가 크고 길며 무겁다.
	P	Pekoe	OP보다 어리지 않고 크고 두꺼워 경화된 잎을 사용하였다는 의미이다.
	PS	Pekoe Souchong	넓고 굳어진 잎을 말한다.
	S	Souchong	
브로큰 broken	FBOPFES	Flowery Broken Orange Pekoe Flowery Extra Special	실론에서만 있는 등급으로 1등급을 의미한다.
	FBOPF	Flowery Broken Orange Pekoe Flowery	
	GFBOP	Golden Flowery Broken Orange Pekoe	
	FBOP	Flowery Broken Orange Pekoe	
	GBOP	Golden Broken Orange Pekoe	
	TGBOP	Tippy Golden Broken Orange Pekoe	
	BOP1	Broken Orange Pekoe No.1	
	BP	Broken Pekoe	
	BPS	Broken Pekoe souchang	
페닝 fanning	GOF	Golden Orange Fannings	잎을 유념 했을 때 가끔 많이 자란 센 잎에서 끝이 부서진 것으로 선별하여 남은 1~2mm 조각들 중 큰 것을 의미한다.
	FOF	Flowery Orange Fannings	
	BOPF	Broken Orange Pekoe Fannings	
	OF	Orange Fannings	
	PF	Pekoe Fannings	
	BMF	Broken Mixed Fannings	
더스트 dust	PD	Pekoe Dust	패닝fanning 등급보다 더 작은 미세한 가루 형태이다.
	FD	Fine Dust	
	SRD	Super Red Dust	
	RD	Red Dust	

케팅 전략으로 붙인 수식어이지 기준등급은 아니다.

FBOP는 FOP를 분쇄한 것으로 어린 잎을 생산하지 못하기 때문에 실론의 최고 등급인 FBOP에서 뒤로 가면서 Finest 혹은 Flowery, Extra, Special 등의 접두어를 사용한다.

홍차와 건강 _

차는 수천 년의 긴 역사를 가진 기호음료이자 건강음료이다. 최근 차에는 어떤 성분이 들어 있는지, 또 그 성분들이 생체 내에서 일으키는 작용들은 무엇인지가 국제 차학회 및 심포지엄 등에서 많은 논문들로 발표되고 있어 경험적으로 전해져 오던 여러 가지 차의 효능이 과학적으로 증명되고 있다.

홍차의 성분

찻잎은 75~80% 수분과 20~25%의 고형물질로 구성되어 있다. 찻잎 자체는 모든 유기체에서 발견되는 성분과 또 식물 속에 있는 특징을 갖고 있지만, 우려진 홍차 속에서 우리가 알고 있는 놀라운 속성들은 주로 폴리페놀, 카페인, 테아닌 성분에 의한 것이다. 그리고 그 외 소량의 지방질, 당질, 섬유소, 회분, 비타민 A, B1, C, E, 니코틴산, 무기질 등의 성분들이 서로 유기적으로 영향을 주고 있다. 최근의 차에 대한 연구는 항산화물질로 알려진 카테킨Catechin을 함유하고 있는 폴리페놀에 집중하는 경향이 있다. 카테킨은 찻잎에 들어 있는 성분 중 가장 중요한 것 중의 하나로, 맛 뿐만 아니라 색에도 깊이 관여하며 차의 생리적 기능 성분으로서도 가장 많은 작용을 한다.

차의 수천 년 역사의 시작과 그 진행 과정을 보면 사람들은 차가 주는 각성효과와 긴장완화 효과 때문에 차를 중요하게 여겨왔다. 이것은 차 속에 들어 있는 카페인과 테아닌에 의한 것이다. 카페인은 알카로이드 성분이고 테아닌은 아미노산성분이다. 카페인은 무척 익숙한 성분인 반면 테아닌은 조금 낯선 용어이지만, 차의 특성을 규정하는 놀랄 만큼 중요한 성분이다.

· **폴리페놀Polyphenols** _ 항산화 요소로 알려진 폴리페놀은 차 속에서 발견되는 넓은 종류의 광화학합성물인데 이 폴리페놀의 50% 이상을 이루고 있는 것이 플라보노이드Flavonoid다. 플라보노이드는 플라보놀Flavonol과 플라바놀Flavanol이라는 두 가지 물질로 이루어져 있다.

찻잎 속에는 이들 중 플라바놀에 들어 있는 카테킨이 있으며, 이 카테킨이 활성산소에 대한 차의 중요한 방어용 항산화무기다. 카테킨은 네 가지 항산화물질로 구성되어 있는데 에피카테킨EC, 에피카테킨갈레이트ECG, 에피갈로카테킨EGC, 에피갈로카테킨갈레이트EGCG다. 이 중 마지막 에피갈로카테킨갈레이트EGCG가 가장 풍부하고 활발하다. 일반적으로 탄닌이라고 알려져 있는데 차가 우려질 때 쓰고 떫은맛을 내는 성분이다. 녹차는 카테킨이라 불리는 단순한 플라보노이드를 함유하는 반면에 홍차는 테아플라빈과 테아루비킨이라 불리는 좀 더 복잡한 플라보노이드를 함유하고 있다. 이 두 성분은 홍차를 홍차답게 하는, 맛과 색상에 주된 영향을 미친다. 일반적으로 카테킨의 함유량이 많은 녹차가 건강에 더 이롭다고 주장하기도 하나 이런 성분들의 연구가 아직 초보 단계이다. 일부 연구자는 이렇게 전환된 두 가지 항산화물질인 테아플라빈과 테아루비킨이 카테킨 같은 역할을 하거나 더 강한 항산화 성질을 가질 수 있다고 추정하기도 하지만 아직 추가 연구가 필요한 영역이다.

· **카페인Caffeine** _ 차에서 발견되는 세 종류의 알칼로이드Alkaloid 가운데 중요한 것 중 하나가 카페인이다. 카페인Caffeine은 1820년 커피 속에서 발견되었고 테인Theine은 1827년 차 속에서 발견되었다. 1838년에 테인이 커피 속에 있는 카페인과 동일한 것으로 확인되어 지금은 테인이라

는 말은 거의 쓰지 않고 모두 카페인이라 부른다. 카페인은 중추신경을 자극하여 각성효과를 주는데 차와 커피 속의 카페인은 물성적으로는 동일하지만 작용 메커니즘은 다르다. 커피 속의 카페인은 바로 흡수되어 신체에 빠른 반응이 오면서 효과도 금세 사라지지만 차 속의 카페인은 천천히 흡수되어 효과가 지속된다. 그것은 차가 우려질 때 카페인과 함께 침출되는 폴리페놀류인 탄닌과, 커피에는 없고 차에만 있는 테아닌이 카페인의 자극 효과를 어느 정도 완화시키는 역할을 하기 때문이다. 특히 폴리페놀류인 탄닌은 카페인의 흡수를 지연시키는 역할도 한다.

차 속의 카페인 특징

· 찻잎이 어릴수록 카페인 함량이 많다.
· 우려내는 물의 온도가 높을수록 더 많은 카페인이 추출된다.
· 차를 우려낼 때 카페인은 초기에 많이 추출되며 시간이 지날수록 추출되는 비율이 낮아진다. 즉 초탕이 재탕보다 카페인 함량이 많다.
· 카페인이 초기에 집중적으로 방출되는 반면 카페인의 효과를 완화시키는 폴리페놀과 테아닌 등은 지속적으로 방출된다.

· **테아닌Theanine** _ 차는 20여 가지의 아미노산을 함유하고 있는데 이 중 테아닌이 50~60%를 차지한다. 아미노산은 차의 바디감에도 영향을 미치며 차의 맛을 내는 결정적인 역할을 한다. 테아닌은 긴장완화 역할을 하며 폴리페놀과 협력하여 카페인의 흡수를 막거나 지연시키는 효과가 있다. 보통 광합성은 테아닌을 줄이는 반면 폴리페놀을 증가시킨다. 이런 이유로 차광재배를 하면 더 많은 아미노산을 함유한 찻잎을 얻을 수 있으므로 고급 녹차인 교쿠로(옥로玉露)를 만들 때 이 방법을 쓴다. 테아닌은 찻잎이 어릴수록 많이 함유되어 있다.

보건 및 약리적 효과

· **항산화작용** _ 차 카테킨류의 가장 기본적인 생리작용은 강한 환원성 단백질과의 결합성이다. 카테킨은 우리 몸에 과산화지질이 생성되는 것을 억제하고 노화를 막는 효과를 가지므로 차를 많이 마심으로써 젊음을 오래 유지할 수 있다.

· **항종양 및 발암 억제작용** _ 암의 원인 가운데 하나가 음식물에 들어 있는 N-니트로소N-Nitroso 화합물인데 차의 추출물은 질산염이 환원되어 아질산염이 되는 것을 방지한다. 특히 카테킨류 중 에피갈로카테킨갈레이트EGCG와 에피카테킨갈레이트ECG의 용액을 이용하면 그 작용이 뛰어나다고 알려져있다.

· **충치균 억제 효과** _ 차 카테킨류는 충치균에 대해 살균 효과가 있을 뿐만 아니라 충치균이 분비하는 글루코실트란스퍼레이스Glucosyltransferase 라는 효소의 활성을 저해함으로써 치석의 형성을 억제한다.

· **혈중 콜레스테롤 저하 효과** _ 차 카테킨류인 에피갈로카테킨갈레이트 EGCG는 음식 중에 들어 있는 콜레스테롤이 장에서 흡수되는 것을 강하게 막아 주기 때문에 혈중 콜레스테롤 수치를 낮춰주는 역할을 한다.

· **라디칼Free Radical 및 활성산소 제거** _ 우리 몸의 유리기Free Radical 및 활성산소는 지방 중의 불포화 지방산을 산화시켜 과산화지질을 생성해 동맥경화, 암, 뇌졸중, 심근경색 등의 성인병을 유발한다. 차에 함유된 카테킨은 활성산소를 제거하는 강력한 작용을 하므로 차를 많이 마심으로써 이러한 성인병들을 예방할 수 있다.

· **고혈압과 혈당 강하작용** _ 에피카테킨갈레이트ECG, 에피갈로카테킨갈레이트EGCG 및 테아플라빈이 안기오텐신Angiotensin 변환 효소의 작용을 현저하게 저하시켜 혈압이 올라가는 것을 막는 작용을 한다.

- **항바이러스 및 항균기능** _ 차 카테킨류와 홍차의 테아플라빈류가 강한 항균활성을 가지고 있다. 또 콜레라균과 이질균 등의 병원성 세균에 대해서도 살균 효과가 있어 변비나 설사에 도움이 된다.
- **해독작용** _ 차의 카테킨에는 모르핀 등의 알칼로이드를 침전시키는 성질이 있고, 중금속과 결합하여 중금속의 독성을 억제시키는 효과가 있다.
- **각성 및 이뇨 작용** _ 차의 카페인은 중추신경을 흥분시켜 기분을 전환하게 하며 정신을 맑게 하고 이뇨를 촉진시킨다. 차의 카페인은 카테킨류와 결합한 형태로 존재하고 커피에는 없고 차에만 있는 테아닌이 카페인의 활성을 저해하는 작용을 하기 때문에 성인이 차를 마셔서 카페인 섭취량이 과잉되는 일은 드물다.

홍차의 제다

차는 차나무의 어린 싹과 잎, 줄기 등을 사용하여 산화 또는 발효와 숙성을 통해 만든다. 이와 같은 방법으로 다양한 차가 생산되는 나라는 바로 중국이다. 중국은 비산화차인 녹차와 부분 산화차인 백차, 청차, 산화차인 홍차, 후발효차인 황차와 흑차를 제조할 뿐만 아니라 찻잎에 꽃잎을 첨가한 화차, 찻잎에 다양한 허브와 에센셜 오일을 사용하는 가향차加香茶까지 차의 제조 방법을 무한대로 발전시키고 있다.

홍차의 종류로는 홍조차紅條茶와 홍쇄차紅碎茶, 긴압홍차緊壓紅茶가 있으며 홍조차는 다시 공부홍차工夫紅茶와 소종홍차小種紅茶로 나뉜다.

공부홍차에서의 '工夫'는 많은 시간과 정성을 들여 만든 차로 '고급품'이라는 뜻을 지닌다. 홍쇄차는 다시 정통차(Orthodox)와 CTC로 나누어진다.

홍차의 제다방법은 녹차, 흑차, 백차의 제다방법을 기초해서 발전했다.

홍차의 종류

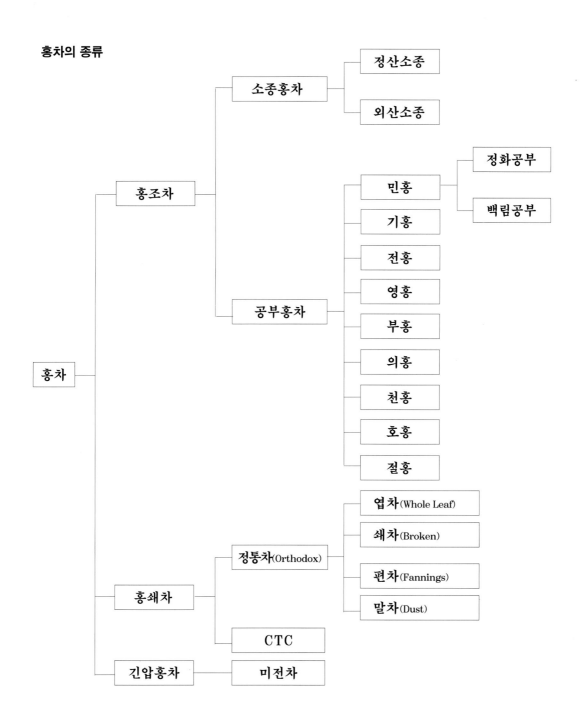

햇볕을 이용하여 백차를 만드는 것에서 홍차의 일광위조를 알고, 녹차의 살청이 찻잎의 색깔을 변하지 않게 하는 것과 흑차의 악퇴가 찻잎을 흑색으로 변화시키는 것을 알게 된 것에서 홍차를 산화시키는 기술을 터득했다. 최초의 홍차 생산은 복건성 숭안성촌(지금의 무이산시)의 소종홍차에서 시작하여 점차 공부홍차로 발전하였다.

홍차의 시초인 중국은 주요 거래국인 유럽의 요청으로 유럽인들이 선호하는 홍차를 만들게 되었다. 그 선호에 따라 산화도를 높여 특유의 검은색과 향을 가진 홍차를 만들게 되는데 이것이 최초의 홍차인 정산소종이다.

홍차의 수출이 늘어나자 1875년을 전후해서 공부홍차의 가공방법이 복건성으로부터 안휘성 기문 일대로 전해지면서 생산지 또한 복건성에서 안휘, 강서, 절강, 호남, 호북, 운남, 광서, 광동, 해남, 사천 등지로 전파되어 각 성에서도 홍차를 만들기 시작했다. 즉 동목촌에서 만든 정산소종이 18C 후반에 영국으로 수출되면서 본격적으로 홍차의 제다가 발전하게 되었다. 그러던 중 1870년대에 인도의 조지 레이드George Reid가 절다기切茶機를 발명하여 인도 등의 국가에서는 찻잎을 절단해서 제다하는 홍쇄차紅碎茶를 만들기 시작하였다.

홍차 제다과정 _

홍차는 채엽 → 위조 → 유념 → 산화 → 건조 → 선별의 과정을 거쳐 만들어진다. 그러나 유독 소종홍차만이 제다과정 중 과홍과過紅鍋와 훈배薰焙 두 가지 과정이 더 추가된다.

채엽採葉

신선한 찻잎을 딴다.

위조萎凋

홍차의 제다과정

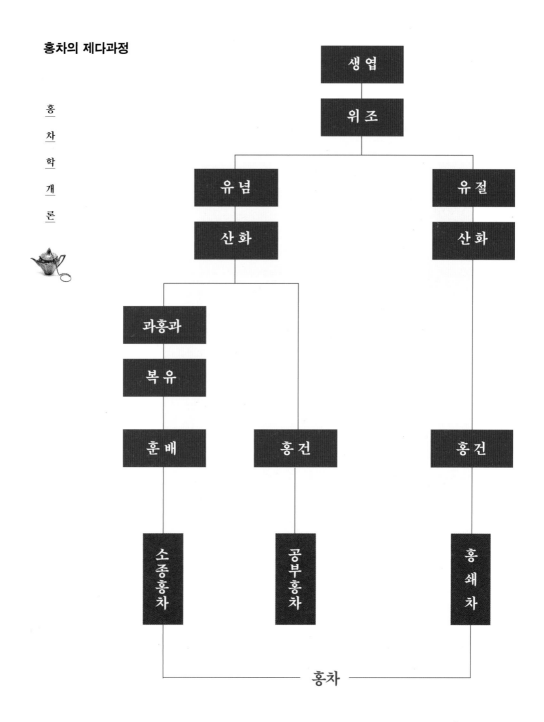

생 엽

위 조

유 념

유 절

산 화

산 화

과홍과

복 유

훈 배

홍 건

홍 건

소종홍차

공부홍차

홍쇄차

홍차

신선한 찻잎을 고르게 펼쳐 놓아 찻잎 속의 수분을 증발시키는 시들리기를 하여 잎을 부드럽게 하고 생화학 반응이 쉽게 일어나도록 만드는 과정이다. 호흡작용에 의한 다당류의 감소와 엽록소 분해 그리고 아미노산, 유기산 등의 증가가 일어나며, 폴리페놀 옥시다아제인 효소의 활성이 상승하여 산화에 적당한 상태에 이르도록 하는 과정이다. 공부홍차는 보통 위조 잎의 수분량이 60%~64%가 가장 적합하고 홍쇄차는 58%~62%가 가장 적합하다. 방법에는 실내자연 위조와 일광위조, 위조기계를 사용한 위조가 있다.

유념揉捻

찻잎의 세포 조직을 파괴해 폴리페놀Polyphenols류의 효소 산화를 가속화시켜 산화가 충분히 이루어지도록 하며, 차의 외형을 형성하고 차 탕의 농도를 증가시키기 위함이다. 공부홍차와 소종홍차는 보통 손으로 유념하거나 원판식 유념기계로 유념을 하나, 홍쇄차는 먼저 유념기계로 가지를 걸러내고 돌림기계로 분쇄를 하거나 CTC기계로 분쇄를 한다.

산화酸化

유념된 잎에는 일정한 온도와 습도, 산소를 공급받는 조건 하에서 폴리페놀류에 속하는 여러 성분(카테킨 등)이 산화되는 과정으로 녹색의 찻잎이 홍색으로 변하여 완전히 녹차의 성격과 다른 홍차가 만들어지는 것이다(티폴리페놀Tea Polyphenols → 테아플라빈Theaflavin → 테아루비킨Thearubigin → 테아브로닌Theabrownine). 소종홍차와 공부홍차는 산화 바구니에서 완성하고, 홍쇄차는 산화차 혹은 산화기계 중에서 진행한다. 산화시간은 소종홍차 5~6시간, 공부홍차 3~5시간, 홍쇄차는 1~2시간 사이이다.

건조乾燥

효소산화작용을 정지하고 수분을 증발시켜 풀냄새를 제거하고 향을 높여 일정한 품질의 특징으로 만들기 위한 과정이다. 홍건기계로 모화母火와 족화足火 두 가지 홍건방법을 사용한다. 모화는 고온에서 하고 족화는 저온에서 하는데 모화의 온도는 115℃ 전후, 족화는 90℃ 전후로 한다. 모화를 진행한 후 찻 잎의 수분은 20% 전후이나 족화로 완성한 후 찻잎의 수분은 3%~5%이다.

소종홍차小種紅茶 제다과정 _

소종홍차는 중국 복건성에서 가공되는 홍차로 정산소종正山小種과 외산소 종外山小種으로 나눈다. 정산소종은 숭안현 무이산지역의 성촌향星村鄉 혹 은 동목관 일대에서 생산되기 때문에 성촌소종星村小種 또는 동목관소종桐 木關小種이라고도 부른다. 외형은 색이 검고 잎이 작으며 광택이 있고 맛은 진하면서 순하고, 향은 송연향과 훈연향이 그윽하게 난다. 유럽에서는 랍 상소총Lapsang Souchong이라 불린다.

소종홍차의 제다에는 보통 홍차와 달리 과홍과過紅鍋와 훈배薰焙과정이 더 있다. **즉 채엽 → 위조 → 유념 → 산화 → 과홍과 → 복유 → 훈배 → 복화 등 8가 지 과정을 거쳐서 소종홍차를 제다한다.**

채엽採葉

소종홍차는 공부홍차보다 거칠고 노쇄하다. 일 년에 봄과 여름 두 계절에 만 채엽 한다. 일반적으로 일정한 성숙도의 일아 이엽이나 일아 삼엽이 가 장 좋다. 춘차는 보통 5월 상순에 따고, 여름차는 6월 하순에 따며 가을차 는 따지 않는다.

위조萎凋

일광위조와 실내 가온加溫위조 두 가지 방법이 있다. 두 가지를 동시에 실시하는 곳도 있고, 두 가지 중 한 가지만 진행하는 곳도 있다.

- **일광위조** - 일광위조를 할 때 넣어두는 찻잎의 두께는 약 3~4cm로 하며 10~20분 마다 가볍게 뒤집어 준다. 찻잎이 부드러워지고, 광택이 사라지고, 줄기가 끊어지지 않게 하고, 풋내가 감퇴하고, 약간의 청향이 있을 때까지가 적당하다. 일광위조의 시간은 햇볕의 광선에 따른 생엽의 함수량으로 정한다. 햇볕이 강하면 30~40분 정도, 광선이 약하면 약간 길게 하는데 일반적으로 1~2시간 정도 한다.
- **실내 가온加溫위조** - 실내 가온위조는 '배청焙靑'이라고도 부른다. 동목촌의 건물, 3층 구조인 경우는 아궁이에 불을 지폈을 때 통풍이 잘 되고 시원한 장소인 3층이 위조 장소이다. 소나무 장작을 태운 연기가 굴뚝을 타고 3층에 이르러 실온이 28~30℃가 될 때 생엽을 균일하게 댓 자리에 10cm두께로 넣어둔다. 10~20분 간격으로 가볍게 섞어주며 약 2시간 정도 위조해 준다. 위조된 잎이 직접적으로 연미를 빨아들여 모차의 연기량을 충분히 쐬게 한다. 공장에서 할 경우는 공장내부에 위조대를 설치하고 차를 넣어놓은 후 지면에서 소나무를 태워 실내 온도를 높이고, 창문을 닫고 소나무를 태울 때 발생하는 연기를 일차적으로 찻잎에 흡수시킨다.

유념揉捻

초기의 유념은 수공으로 했지만 지금은 기계로 한다. 어린 잎은 약 40분, 중간 정도는 60분, 노쇄한 잎은 90분 정도로 보통 두 번에 나누어서 한다.
중간에 덩어리를 풀어주며 엽즙이 나오고 줄기가 단단히 말리면 된다.

산화酸化

유념한 잎을 대바구니에 담아 두께를 약 30~40cm로 하여 젖은 천을 덮어 습도를 유지시켜 산화를 시킨다. 일반적으로 5~6시간 정도 한다. 찻잎의 풋내가 사라지고 청향이 두드러지고 찻잎의 약 80%가 홍갈색이 되면 적당하다.

정산소종 차밭

정산소종 차나무

정산소종을 만드는 3층 목조건물과 소나무 장작

소나무 장작을 태워서 열기와
연기를 2층과 3층으로 올린다

과홍과過紅鍋

소종홍차 가공의 특수한 처리 과정으로 그 목적은 고온에서 효소의 활성을 저지하여 폴리페놀효소의 산화를 중지시키고 소종홍차의 향기와 차탕의 맛을 유지시키는 작용을 한다. 동목촌의 3층 건물인 경우는 2층에 구둘을 내어 아궁이에 불을 지피면 그 열기가 굴뚝을 타고 올라와 2층 구둘 사이로 뜨거운 열기가 올라와서 찻잎의 효소 활성을 멈추게 한다(녹차의 홍청처럼). 솥에서 진행할 경우 솥의 온도가 200℃ 이상일 때 산화차 1.0~1.5kg을 넣어 신속하게 2~3분 정도를 덖으며 5분을 넘겨서는 안 된다. 이는 산화를 정지시키고 일부분의 가용성 티 폴리페놀Tea Polyphenols을 보존하고 차탕을 농후하게 한다. 고온에서 풀냄새를 휘발시키고 떫은 맛을 없애주며 차향을 더해주는 작용도 한다.

복유復揉

솥에서 덖은 찻잎들은 복유를 거쳐 모양을 잡는다. 시간은 약 5~6분 정도로 한다.

훈배薰焙

연기를 흡수시키는 소종홍차의 또 다른 특수한 처리 과정으로 이 과정을 통하여 소종홍차만의 독특한 송연향을 가지고 있는 진한 맛과 향이 만들어 진다. 전통적인 훈배 방법은 복유한 잎을 체에 7~10cm두께로 널어서 청루아래의 훈배 꽂이에 꽂아둔다. 아궁이에서 소나무가 타면 진한 연기가 올라오게 하여 한 번에 8~12시간 정도 훈배를 시켜 약 80% 정도 건조 되었을 때, 작은 불로 온도를 낮추고 연기량을 증가시켜 찻잎이 대량으로 송연향을 흡수하게 한다. 훈배 할 때에는 차 형태가 느슨해지지 않게 하기 위해 뒤집지 않는다. 보통은 복유復揉 후에 찻잎을 대바구니에서 (두께 7~10cm) 탄방한 후 연훈홍배를 한다. 차를 홍청烘靑하는 선반 위에 올려놓고 마르지 않은 소나무에 불을 지펴

생엽

3층 위조실

실내 가온위조

수공 유념기

수공유념

기계 유념

산화

산화 - 정산당에서는 이 방법으로 산화를 시킨다

훈연·배건한다. 사이에 1~2번 정도 뒤집어야 하며 홍배烘焙가 ⅗~⅘
정도 되면 탄량을 해야 한다.

복화復火

훈배 후 거칠고 큰 잎은 걸러내고 소종홍차 특수의 향을 증가시킨다.
복화의 방법은 훈배의 2층에 쌓아 저온으로 오랫동안 훈연을 시켜 모
차가 건조될 때 충분히 송연의 연기량을 흡수하게 한다.

공부홍차工夫紅茶 제다

공부홍차란 제다과정이 섬세하고 정교하여 시간과 정성이 들어간 중
국의 정통 제다방법으로 만들어진 차를 말한다. 청이 건국되면서 차가
생산되는 모든 차구에서 홍차를 생산하였다. 생산지에 따라 기홍祁紅(
안휘성), 전홍滇紅(운남성), 의홍宜紅(호북성), 민홍閩紅(복건성), 절홍浙紅
(절강성), 천홍川紅(사천성), 상홍湘紅(호남성), 검홍黔紅(귀주성) 등으로
나뉘는데 종류가 많고 산지분포도 광범위하다. 각 차구와 생산지마다
차나무의 품종이 다르므로 맛과 향이 다르고 품질에도 차이가 있지만
공부홍차의 기준을 갖추고 생산하고 있다. 특히 안휘성의 기문에서 생
산된 기문홍차와 운남성에서 생산되는 전홍이라 불리는 홍차가 잘 알
려져 있다. 기문홍차는 독특한 과당향과 은은하고 부드러운 꽃향기가 '
기문향祁門香'이라 불리며 세계 3대 홍차 중 하나로 유명하다.

과홍과 구둘(전통 방식)　　　　　**과홍과(현대 방식)**

복유　　　　　**훈배**

복화　　　　　**선별**

선별　　　　　**선별기**

기문 공부홍차 옛날 제다 방식

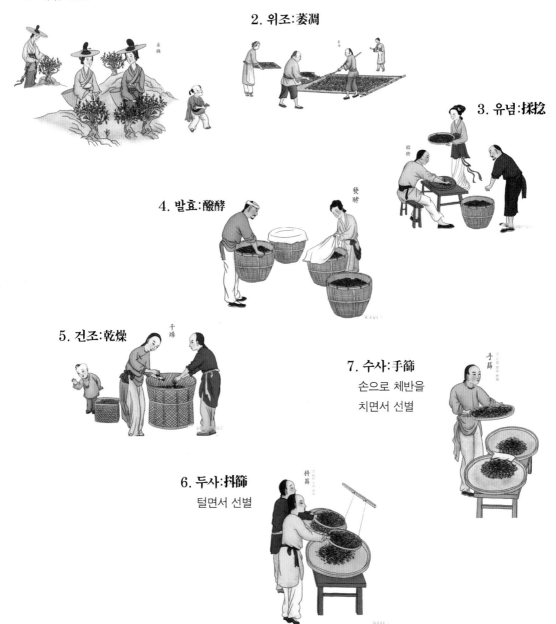

1. 채엽:採葉

2. 위조:萎凋

3. 유념:採捻

4. 발효:醱酵

5. 건조:乾燥

7. 수사:手篩
손으로 체반을
치면서 선별

6. 두사:抖篩
털면서 선별

10. 표사:飄篩
가벼운 황편 날리기

9. 풍선:風選
바람으로 선별

8. 타대:打袋
마대에 찻잎을 넣어
잘게 부수는 작업

11. 감반:撼盤
키질하듯하여 가벼운 찻잎 날리기

12. 수간:手揀
수작업으로 잡물질 제거

13. 병배:拼配
등급을 나눠 품평하여 병배하기

14. 보화:補火
포장하기 전에
마지막 수분제거

15. 균퇴 : 匀堆
마지막으로 샘플을 보면서 병배
대조작업하여 등급별로 쌓아둠

홍쇄차紅碎茶

공부홍차를 제다하는 과정에서 지역이나 제다 방법에 따라 유념 대신 찻잎을 절단하여 조직을 파괴해 찻잎 속의 가용성 물질이 좀 더 쉽게 추출되도록 만든 홍차를 홍쇄차紅碎茶라 한다. 맛이 진하면서도 특유의 쌉싸래한 맛과 향이 있다. 인도나 스리랑카에서는 로트르반을 이용하여 생산되는 홍차가 이와 유사한 형태로 제조된다.

오서독스Orthodox 제법 _

중국 이외의 인도, 스리랑카 등에서 홍차를 만드는 방법으로 잎차 형태Whole Leaf의 고급 차를 만든다. **채엽 → 위조 → 유념 → 산화 → 건조 → 선별 → 포장**이라는 순서는 동일하지만 각 단계에서 제작하는 방법이 상이하여 다른 맛이 난다.

채엽Plucking

채엽 시기별로 잎의 부위와 등급에 따라 새벽과 오후, 하루에 2번 손이나 기계로 채취한 찻잎을 일정한 장소에서 수집한 뒤 다원의 제다공장으로 보낸다. 다르질링의 경우는 퍼스트 플러시First Flush는 3월부터 5월 중순까지 채엽하는데 3월 1일에서 15일 사이에 만든 차를 프레지던트President라 부르고, 3월 16일에서 4월 15일까지 영 버드Young Bud, 4월 16일부터 5월 15일까지의 차를 버드Bud라 부른다. 세컨드 플러시Second Flush는 6월 1일부터 7월 중순까지 채엽하는데 6월 한 달이 가장 맛있는 채엽 기간이다. 오텀널Autumnal은 10월 1일부터 11월 첫 주까지 찻잎을 따는데 10월 4주부터 11월 첫 주에 채엽 하여 만든 차가 가장 좋은 차이다. 티 가공과정이 성공적으로 이루어지기 위해서는 가장 먼저 수확한 찻잎의 크기를 일정하게 맞추어야 한다. 차나무의 종류나 찻잎의 크기마다 모두 다른 향을 간직하고 있어 이들이 한데 섞이면 생산된 차의 전체 품질이 떨어진다. 찻잎 샘플이 공장에 도착하면 작은 손저울을 사용해 무게를 단다. 무게를 단 찻잎은 새싹의 길이별로 분류한다.

위조Withering

찻잎에 있는 수분을 줄이는 과정으로 이때 신선한 찻잎에 물리적 및 화학적 변화가 일어난다. 위조과정의 목적은 첫째, 수분 함량을 낮춰 앞으로의 가공과정이 보다 더 쉽게 일어나도록 하는 것이며 둘째, 신선한 찻잎에 함유된 단백질 및 탄수화물의 복합체를 분해해 보다 더 단순한 아미노산과 당의 성분으로 변형시켜 최종 완성된 티에서 카페인과 폴리페놀의 함량을 높이는 것이다. 채엽된 생엽을 인공 위조실의 통풍 조절이 되는 위조틀 Trough 그물 위에 20~30cm(다르질링 10~12cm) 두께로 펼쳐 깔아둔다. 그물 아래에서 그날의 기후, 습도에 따라 팬으로 바람을 넣어주어 공기의 온도를 22~23℃(다르질링 약 32℃)로 유지한다. 위조과정에서 생엽에 있던 수분이 30~40%(다르질링, 아삼 45%) 제거된다. 수분이 제거된 찻잎은 부드럽고 나긋나긋해서 앞으로의 가공과정이 보다 더 쉬워진다. 생엽 100kg이 위조과정을 걸치면 22kg 정도로 약 ⅕로 무게가 감소한다. 보통 나라마다 기온에 따라 위조를 하는 시간이 달라지는데 다르질링은 8~12시간(퍼스트 7~8시간, 세컨드 12~14시간), 아삼에서는 13~16시간, 스리랑카는 12~14시간 정도 소요된다.

유념Rolling

잎을 비벼 세포조직을 파괴하는 과정으로 찻잎의 세포를 분쇄해 찻잎의 세포 내부에 각각 분리되어 있던 '카테킨Catechin'과 '산화효소Oxidation Enzyme'가 반응하여 산화가 진행되도록 하고, 또한 찻잎을 비벼 차의 형상을 만드는 공정이다. 유념이 진행될 때 으깨진 찻잎 속에서 차즙이 나오며 초기의 산화가 진행되는데 이때 마찰열로 온도가 높아지므로 압력을 조절

생엽

위조

위조를 위해 더운 바람을 내는 열풍기

유념

산화

건조

분류

포장

하는 것이 중요하다. 찻잎을 위조한 후 20~30분, 긴 경우는 40분 정도 유념을 진행한다. 다르질링의 유념기는 돌기가 없는 압축식 회전기이나 실론의 경우는 찻잎의 파쇄공정이 추가되므로 중앙에 원추상의 돌기가 있는 회전식 유념기를 사용하고 있다. 돌기가 있으면 차가 완성 되었을 때 통잎이 45~50%정도이고, 돌기가 없으면 통잎 상태가 65~70%정도 된다. 다원별 재배 및 생육 환경조건에 따라 차이가 있어 유념기의 압력, 유념 시간, 찻잎의 파쇄정도 등은 찻잎상태, 생육환경, 채엽 시기 등의 조건에 맞추어 데이터를 모두 숙지하고 있는 매니저(공장장)에 의해서 결정된다.

산화Oxidation

산화방법은 자연적인 방법과 인위적인 방법이 있다. 자연적으로 산화를 진행하는 방법은 유념을 한 찻잎을 산화대나 바닥 또는 테이블 위에 두께 4~5cm 정도로 쌓아 올린 후 상온에서 산화시키는 것이다. 산화가 촉진되는 조건은 온도 25℃, 습도 80~90%로 보통 20분에서 길게는 3시간 정도 진행된다. 인위적인 방법은 전열선이 깔린 타일 위에서 산화시키는 것으로, 온도 조절이 가능함으로 산화를 촉진시켜 산화 시간을 단축하거나 제품 특징에 맞게 조절이 가능하다. 다르질링의 경우는 두께 10cm정도, 온도 5~10℃, 최고 14℃에서 퍼스트는 1시간, 세컨드는 2시간 30분, 몬순은 1시간, 오텀널은 2시간 30분정도 산화시킨다. 낮은 온도에서 산화되면 향기가 좋아진다. 산화 과정에서 폴리페놀이 화학변화를 일으키고 홍차 특유의 향미를 만들어 낸다. 생엽에서 나던 풋내가 단맛을 가진 꽃향, 과일향으로 변화하고 녹색에서 갈색 또는 붉은색의 찻잎으로 변해가며 맛 또한 녹차와 다른 특징을 가지게 된다. 산화 시간이 짧을수록 홍차는 자극적인 떫은 맛이 강해지고, 산화 시간이 길수록 자극적인 맛이 감소하여 농후하고 무거운 맛이 된다. 그러나 산화가 너무 강하게 되면 탕색이 검어지고, 산뜻하고 달콤한 과일향은 신선함을 잃고 낙엽과 같은 묵직한 향이 나게 된다. 산화의 정도는 제조하는 시기의 온도와 습도의 미묘한 영향을 받아 상품으로서의 가치도 결정하게 된다. 그렇기 때문에 홍차의 제조 공정 중에서도 가장 중요하게 여겨지는 것이 산화 과정이며 경험이 풍부하고 숙련된 작업자들이 주로 관리한다.

건조Drying

고온의 열풍으로 적정한 찻잎의 효소산화작용을 중지시킴과 동시에 건조를 통해 수분을 증발시킴으로써 함수량을 3%로 내려 풀냄새를 제거하고, 향을 높여 일정한 품질의 특징을 만들기 위한 공정이다. 건조 공정 역시 재배환경과 기후, 찻잎의 상태 등에 따라 다르나 115℃의 6단계 연속 건조기에서 20~25분 정도로 실시한다. 차의 저장성을 높이며 차의 색과 맛, 향기의 균형을 조정하여 찻잎의 발효 정도와 화학성분의 유리당화 등의 작용이 동시에 일어나 차의 품질을 좌우한다.

선별Screen

건조기를 거쳐 나온 홍차는 찻잎이 온전한 통잎, 파쇄된 잎, 부스러기, 줄기 등 기타 혼합물을 제거한 다음 선별기에 넣어 크기와 형상 등의 기준에 따라 등급별로 선별한다. 생엽이 100kg이면 완성된 차는 약 25kg 정도 된다. 등급별로 분류된 홍차 샘플을 다원 내 티 테스트Tea Test를 거쳐 샘플 백에 넣어 각 도·소매 차 상점으로 보낸다.

포장Packing

생산이 완료된 차가 시장에 나가기까지는 긴 시간이 걸리기 때문에 서둘러 밀봉해야 한다. 예전에는 나무 상자를 많이 사용했으나 요즘에는 튼튼한 종이 포대를 이용한다. 고밀도 폴리프로필렌High Density Poly Ppropylene(HDPP)으로 만든 마대 자루는 내수 시장에 유통될 티를 담고, 해외로 수출되는 차들은 진공포장을 해 신선도와 품질을 유지한다. 차 도·소매상에서는 각 다원에서 등급별로 분류된 대량의 벌크Bulk 상태로 포장된 홍차를 그들 상회의 상표를 부착하여 대·중·소 규모로 재포장하여 판매한다. 일반적으로 포장지에는 생산 시기와 차의 등급이 쓰여 있고 스페셜 티의 경우는 생산 다원까지 쓰여 있다. 블랜딩(배합)차의 경우는 배합한 다양한 차의 종류, 차의 이름(차명) 등을 기재한 라벨을 부착하여 다양한 재료-종이, 깡통, 나무, 알루미늄, 유리 등의 포장지 형태로 판매 된다.

세미 오서독스Semi-Orthodox 제법

스리랑카에서 많이 사용되는 홍차 제다 방법이다. 채엽 → 위조 → 유념 → 산화 → 건조 → 선별 → 포장이라는 절차는 오서독스 제다과정과 유사하나 찻잎을 유념을 통해 잘게 자르거나 로트르반을 통해 잘게 잘라서 특유의 향과 맛을 만들어 산화의 시간을 단축시키는 방법이다. 이 과정을 통해 다양한 크기의 찻잎이 제조되어 이를 분류하는 과정에서 홍차의 등급이 생겨나기도 한다.

CTC 제다과정 _

CTC제법은 1930년대에 윌리엄 맥커처William Mckercher가 고안한 근대적인 홍차 제법으로 인도의 아삼과 아프리카 등지에 급속히 보급되었다. 제다 방법은 **채엽Plucking → 위조Withering → 로트르반 → CTC머신 → 산화Oxidation → 건조Drying → 선별Screen → 포장Packing**의 방법으로 만든다. CTC라는 명칭은 부수고Crush, 찢고Tear, 둥글게 마는 Curl 세 가지 기능의 앞 글자를 따서 붙인 것이다. 산업화의 가속화에 따라 소비자의 선호가 아주 짧은 시간 안에 진하고 강하게 추출되는 홍차로 바뀌면서 CTC홍차의 생산 판매가 상승하게 되었다. CTC 공법의 경우 거친 잎으로부터도 균일한 차를 만들 수 있고, 단시간 내에 지속적으로 대량 생산이 가능하여 생산비가 매우 저렴하다는 이점이 있다. 뿐만 아니라 색, 향 등이 강한 개성을 지닌 차를 생산해 낼 수 있으며, 건조 과정시 수분에 의한 산패가 적어 품질 저하도 거의 일어나지 않는다. 밝은 찻물을 만들고 차의 부피가 작아 포장 단가가 저렴하다는 것과 보관, 운반이 용이하다는 것도 이점이다.

채엽Plucking
연간 9~10개월간 채엽 생산이 가능하며 새순이 돋는 7~14일 간격으로 생엽을 딴다.

위조Withering
온도 25~30℃에서 12~20시간 동안 인공위조(위조틀)나 자연위조하여 수분을 약 30%정도 감소시킨다.

로트르반
CTC 유념기에 적합하도록 찻잎을 잘게 잘라서 특유의 향과 맛을 만들며 산화시간을 단축시킨다.

CTC머신
CTC머신은 크기가 다른 2개의 스테인리스 롤러가 서로 역방향으로 회전하는데 그 미세한 틈 사이에 찻잎을 넣어 각 롤러의 회전수 차이(1:10 70RPM~ 700RPM)를 이용한다. 이 과정을 통해 부수고Crush, 찢고Tear,

생엽

위조

로트르반

CTC 3회

회전속도가 다른 2개의 스테인리스 롤러(3회)

롤링 시프터

롤링 시프터에서 나옴

산화 : 산화판에 옮김

둥글게 마는Curl 3단계 공정이 동시에 가해져 찻잎이 잘게 절단되어 미세 입자(단위 캐럿)로 만들어진다. 이 공정에서 수액이 생성되어 산화를 준비한다. CTC공정은 일반적으로 3회 실시하여야 품질 좋은 차를 생산할 수 있다.(거친 잎은 5회 실시)

산화Oxidation

CTC공정을 마친 파쇄 찻잎을 산화대에 8cm 두께로 퇴적하여 건조대로 옮겨진다. 25℃에서 40분 정도로 산화과정을 거치면 찻잎의 색이 구리빛 갈색을 띤다.

건조Drying

건조온도는 85~90℃로 18~25분간 실시하여 찻잎의 함수율을 3%로 줄인다.

분류 및 포장Screen And Packing

크기에 따라 선별, 분류하여 벌크와 작게는 약 30g 단위로 포장한다. 차의 등급과 품질은 계절에 따라서 다르다.

티 테이스팅Tea Tasting

티 테이스팅Tea Tasting은 준비된 샘플을 가지고 외형 평가(건평, 乾評)와 차를 우려서 평가하는 내질 평가(습평, 濕評)로 나누어서 진행한다. 내질 평가는 다시 찻물색, 향기, 맛, 우린잎 평가로 나눌 수 있다. 이렇게 각각의 평가요소에 대한 평가를 마치면 그 결과를 바탕으로 종합 평가를 한다.

산화 _ 산화판에 담긴 차들이 레일을 따라 건조기로 이동하면서 산화됨(40분) **건조 _ 건조기로 옮김**

건조 **건조 _ 건조된 차들이 나오고 있다.**

분류 **분류** **캐럿이 다른 CTC차들**

Bulk 포장 **소포장들**

티 테이스팅 순서 _

차를 테이스팅하는 순서는 크게 4단계로 구성된다. 첫 번째는 샘플 채취이고, 두 번째는 마른 찻잎의 외형을 평가하는 외형 평가(건평, 乾評)이며, 세 번째는 차를 우려서 평가하는 내질 평가(습평, 濕評)이고, 마지막은 심사평가표 작성이다.

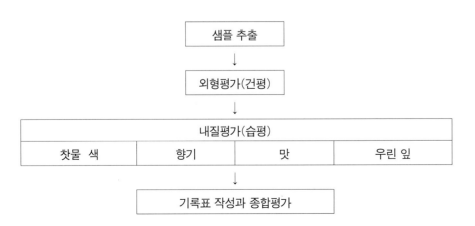

1. 건차 150~200g을 심평반에 붓고 외형을 평가한다. 외형의 순서를 평가할 때에는 우선 잘 섞은 뒤에 그 형상(여린 정도, 색택 등)을 감정하게 된다. 이때 찻잎 외에 줄기나 나뭇가지가 들어 있지 않아야 한다. 그 다음 잘 말려 있는지, 부서진 것이 없는지 확인하게 되며 찻잎을 만졌을 때는 너무 단단하지도 부서지지도 않아야 한다.

2. 3g의 차를 심평배에 넣고 약 150ml의 끓는 물을 붓고 5분 동안 우린 뒤에 심평완에 따른다(국제 심평). 일반적인 홍차는 3g의 차에 150ml 물을 붓고 3분간 우린 후에 심평한다.

3. 찻물의 색을 감정한다. 홍차는 탕 빛깔(명도와 탁도)과 광택을 재빨리 보아야 한다. 그래야 차탕이 '냉후혼冷後混(식어지면 흐려지는 현상)'을 피하여 탕 빛깔과 광택의 명량도明亮度를 관찰할 수 있다.

4. 심평배에서 향기를 감정한다. 향을 맡을 때는 한 손으로 잔의 바닥을 잡고 한 손으로 잔 뚜껑을 조금 연 후 2~3초 정도 코로 숨을 깊이 들이쉬는 동작을 1~2회 반복하게 된다. 향기를 맡는 것은 일반적으로 고온(더운 향)과 중온(따뜻한 향), 저온(찬 향)으로 나누어 이루어지는데 이는 향기물질들의 휘발 온도가 각기 다르기 때문이다.
   - 열후熱喉(뜨거운 향): 차를 우린 후 바로 진행한다. 향기의 순수성과 이상향을 알아낼 수 있다.
   - 온후溫喉(따뜻한 향): 맛 평가 전에 진행한다. 그 차만이 가지고 있는 특정한 향기와 향의 고저, 농도, 향기의 종류 등을 평가한다.
   - 냉후冷喉(차가운 향): 맛과 우린 잎 평가 사이에 진행한다. 향기의 지속성을 평가한다.

5. 찻물이 50℃ 정도로 식으면 찻숟가락으로 5~8ml가량 입에 넣고 맛을 평가한다. 일반적으로 1~2회 한다.

티 테이스팅 _

① 테이스팅 스푼에 가득 뜬다.

② 스푼을 아랫 입술 끝에 가져다 댄다.

③ 강하고 짧게 공기를 빨아 들여 찻물이 혀의 각 부위에 골고루 퍼지게 하며 입의 뒷부분까지 퍼질 수 있도록 한다.

④ 입안에 차가 퍼지고 나면 찻물을 입안 전체로 움직이고 강하게 공기를 빨아 들여 차에 내재된 섬세한 개성들이 더 잘 나올 수 있도록 한다.

⑤ 평가한 차액은 삼키지 않고 타구에 뱉는다.

⑥ 우려낸 젖은 찻잎을 감정한다. 품평배에 있는 우린 잎을 모두 꺼내어 뚜껑에 놓거나 우린 엽저반에 놓고 시각, 촉각을 이용해 평가한다. 일반적으로 잎의 색깔은 황금색의 경우 고품질이며, 검거나 짙은 색은 저급, 푸른색의 경우는 산화가 되지 않은 차라고 볼 수 있다.

평가 항목별 가중치 _

가중치는 종합점수를 계산할 때 항목별 총 점수에 부여되는 중요도를 말한다. 차 종류별로 각 평가요소에 대한 중요도에 따라 가중치가 다를 수 있다. 또한 나라별로 차의 품질 특징과 소비자 선호도 등이 다르기 때문에 차를 평가하고 점수를 계산함에 있어 가중치도 조금씩 차이가 있다.

각국의 티 테이스팅 가중치 표 3.2

차류	외형	탕색	향기	맛	우린 잎
홍차(일반)	20	10	30	30	10
홍차(우리나라)	15	15	30	30	10
공부홍차(중국)	25	10	25	30	10

Chapter 4.

홍 차 학 개 론

홍 차 의
매 력

...

Chapter IV. 홍차의 매력

홍차는 향기롭고 맛있는 음료이자 수많은 스토리를 품은 흥미진진한 음료다. 기호음료인 홍차는 사람마다 그 취향과 맛에 대한 평가가 다를 수 있다. 같은 차를 마시더라도 우려내는 과정에 따라, 또 사용하는 도구에 따라, 차의 맛과 향이 달라진다. 또한 함께 먹는 티푸드나 누구와 함께 차를 마시는가? 하는 점 등은 차의 맛을 달리 느끼게 하는 요인이 된다.

홍차를 즐기기 위해 필요한 도구들

홍차를 즐기기 위해서 처음부터 모든 다구를 갖출 필요는 없지만 기본적인 도구는 반드시 필요하다. 그리고 차를 우려내기 위한 도구들이 늘어날수록 더욱 홍차의 매력을 느낄 수 있을 것이다.

티 팟tea pot _ 티 팟은 홍차를 우려 낼 때 사용하는 주전자를 말한다. 주로 도자기 재질을 사용하지만 유리, 은, 스테인리스 등 다양한 재질로 제작되고 있다. 형태는 둥근 형이 대부분이나 사각형, 육각형, 동물이나 과일모양 등 다양한 형태의 제품들도 쉽게 접할 수 있다. 그러나 홍차를 제대로 즐기기 위해서는 원형의 티 팟을 추천한다. 둥근 티 팟은 열의 대류를 원활히 하여 점핑jumping 현상이 잘 일어나기 때문에 찻잎의 순환이 자유로워져 차 성분이 잘 우러나 맛과 향을 좋게 한다. 대부분의 티 팟에는 뚜껑에 작은 구멍이 있어 이 곳으로 공기가 통하여 찻물이 잘 나오도록 하며, 뚜껑 안쪽에는 볼록하게 돌출되어 있는 부분인 스토퍼stopper가 있어 뚜껑을 고정시켜 한손으로도 안전하게 차를 따를 수 있도록 해준다. 티 팟의 주둥이 끝 아랫부분이 약간 나온 것이 절수가 잘 된다.

점핑 현상이란? _ 뜨거운 물에 의해 대류현상이 일어나 그 흐름에 따라 찻잎이 위 아래로 움직이는 현상

(×)   (×)   (O)

찻잔tea cup _ 찻잔은 대개 잔의 받침인 소서saucer와 함께 한다. 차를 마실 때 먼저 눈으로 감상하게 되는 것이 잔의 형태와 차의 색깔이기에 탕색을 잘 볼 수 있도록 내부가 유백색인 제품이면서 티 팟과 어울리는 제품을 선택하는 것이 좋다. 홍차를 위한 찻잔은 차의 향을 한껏 즐기기 위하여 커피 잔보다

는 높이가 낮고 위쪽 테두리가 넓은 것이 특징이다. 또한 잔의 테두리 부분이 나팔꽃 모양인 찻잔은 차를 마시기에 편하고 향을 풍부하게 느낄 수 있다. 홍차와 함께 잔을 감상 하는 것도 중요하지만 잔의 내부가 지나치게 화려하면 탕색 자체를 감상하는데 방해가 된다.

티 캐디tea caddy _ 티 캐디란 차를 보관하는 용기이며, 유럽에 차 문화가 전파되던 18C 무렵에는 금, 은, 주석, 자기磁器나 거북이 등껍질, 상아 등으로 주로 만들어졌다. 당시의 티 캐디는 재질에서 뿐만 아니라 장식적인 면에서도 화려하고 아름다워 소장의 가치가 있었다. 그 당시의 티 캐디는 2개의 칸으로 나뉘어져 한 칸에는 홍차, 다른 한 칸에는 녹차를 담았으며 때로는 차와 설탕을 각각 보관하기도 하였다. 현재는 차의 풍미를 잘 보존하는 기능이 가장 중요하기 때문에 차를 판매하는 회사에서도 습도, 온도, 직사광선을 피할 수 있는 스테인리스 제품을 주로 사용하고 있다.

계량스푼measure spoon _ 찻잎의 분량을 정확하게 재기 위한 도구다. 차 보관함인 티 캐디tea caddy에서 찻잎을 덜어 계량하는 용도로 사용했기 때문에 캐디 스푼이라고도 한다. 주로 3g의 찻잎을 계량할 수 있는 스푼을 사용하고 있으나 용량이 큰 티 팟에 홍차를 우릴 시에는 5g스푼을 이용하기도 한다. 모양은 조개나 삽, 나뭇잎 모양 등 다양하지만 조개 모양의 메저 스푼을 쉽게 볼 수 있다. 이것은 초기 동양의 상인들이 차 상자 위에 진짜 조개껍데기를 둔 것에서 유래했는데 이것은 고객들이 구매를 결정하기 전에 차 샘플을 조개에 담아 살펴볼 수 있었다고 한다. 재질은 은銀과 은銀도금, 스테인리스, 동銅제품 등이 주로 사용된다.

모래시계hourglass

티코지tea cozy

스트레이너strainer _ 티 팟에서 우려낸 차를 따를 때 찻잎을 거르기 위해 사용하는 도구다. 재질은 순은, 은도금 제품, 도자기, 스테인리스 등으로 만들어지며 망이 촘촘하여 찻잎이 깨끗하게 걸러지는 것이 좋다. 스테인리스는 손쉽고 편리하여 찻잎의 크기에 관계없이 사용할 수 있으며, 은제품은 섬세하고 아름답지만 비싼 것이 흠이다. 도자기로 만든 스트레이너는 구멍이 크기 때문에 작고 가는 찻잎이 깨끗하게 걸러지지 않는다. 그러나 취향에 따라 티 팟과 같은 것으로 세팅할 수 있어 좋다.

티코지tea cozy _ 티 팟의 온도를 유지해 주는 일종의 보온용 덮개로 맛있는 홍차를 즐기기 위해서 꼭 필요한 도구다. 티코지는 홍차를 우릴 때 티 팟에 씌워서 온도와 향을 보존하여 우려진 차가 식지 않고 풍미를 유지하도록 해준다. 티코지의 소재로는 일반 천에 솜을 넣은 것이 있고 뜨개질을 이용한 수공예 제품들도 있다. 최근 스테인리스 티 팟으로 보온을 유지하는 제품도 있으나 가격이 비싸다.

스트레이너strainer

모래시계hourglass와 타이머timer _ 차를 우릴 때 시간을 재는 도구이다. 아무리 최상급 차라 할지라도 우려내는 시간이 적절하지 않으면 맛있는 차를 즐길 수 없다. 홍차용 모래시계는 3분을 기준으로 하지만 5분용도 있다. BOP는 열탕을 붓고 2~3분, OP는 3~4분이 기준이므로 흔히 3분용 시계가 사용된다. 그러나 찻잎의 크기와 양에 따라 시간이 달라지므로 좀 더 정확하게 시간을 재야 할 때에는 시계나 전자 타이머를 이용하는 것이 좋다. 차 우리기에 익숙해지면 감각으로 할 수 있지만, 홍차를 처음 접할 시에는 이런 도구들을 이용하여 시간을 재어 우려내면 실패할 확률이 낮다.

인퓨저infuser _ 티 팟과 스트레이너를 이용하지 않고 찻잔에서 차를 직접 우릴 때 사용되는 도구로 일종의 금속형 티백이다. 인퓨저는 수많은 구멍이 뚫려져 있는 망 속에 찻잎을 넣고 티 팟 안에 넣어 차를 우려낸다. 티볼이라고도 부르며 스트레이너와 마찬가지로 여러 재질이 있고 형태도 다양하다. 차를 간편하게 우릴 수 있는 장점이 있지만, 크기가 작아서 인퓨저 속의 좁은 공간 안에서 찻잎이 원활하게 순환하지 못하여 차가 제대로 우러나지 않는 단점이 있다. 최근 개발된 스틱형 인퓨저는 머그컵 사용에 적당하며, 인체에 해가 없는 은박으로 구멍이 뚫려 있는 일회용 인퓨저도 개발되었다. 가능하면 티 팟에 차를 우려서 스트레이너로 걸러야 더 맛있는 차를 즐길 수 있다.

티워머tea warmer _ 우려낸 차의 보온을 유지하기 위해 이용되는 도구다. 재질은 도자기, 유리, 스테인리스 등이 있으며 공통적으로 양초를 사용하고 있다. 워머용 양초는 그을음이 없어야 하며 향이 나는 양초는 홍차의 향을 상쇄시키므로 향이 나지 않는 것을 선택하는 것이 좋다.

밀크 저그milk jug _ 밀크티를 마실 때 우유를 담는 그릇으로 우유를 중탕할 때에도 사용한다. 대개 도자기로 만들어지며 스테인리스 제품도 있으나 고급 은제품도 있다. 1~2인용은 100cc 이내이고, 5~6인용은 250~300cc 용량이다.

슈거볼sugar bowl _ 홍차에 넣을 설탕을 담아두는 그릇으로 보통 밀크 저그와 함께 놓는다. 각설탕을 사용할 때는 반드시 집게를 함께 놓는다.

티백 레스트tea bag rest _ 티백으로 차를 우리고 난 후 다 우려진 티백을 담아두는 도구로 도자기나 스테인리스 재질의 티 팟 모양이 많다.

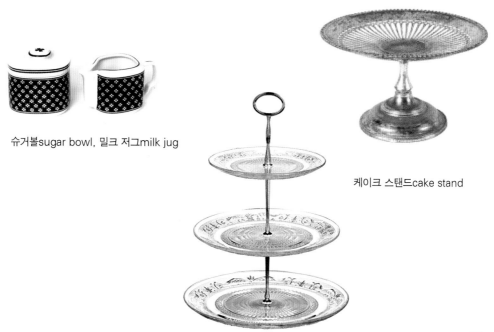

슈거볼sugar bowl, 밀크 저그milk jug

케이크 스탠드cake stand

케이크 스탠드cake stand _ 케이크 스탠드는 홍차와 함께 즐길 티푸드를 올려놓는 도구로 트레이라고도 불린다. 2단 또는 3단으로 만들어지며 다양한 종류의 티푸드를 담아 덜어 먹을 수 있는 장점이 있다. 원래 전통적인 영국 티파티에서는 사용하지 않았으나 산업혁명 이후 하녀들이 공장으로 일하러 나가자 일손이 부족하여 여러 가지 티푸드를 한 번에 옮길 수 있는 도구가 유행 했다고 한다. 하단에는 손으로 집어먹을 수 있는 작은 샌드위치를 놓고 중단에는 스콘, 비스킷 등 달지 않은 종류를 두고 상단에는 케이크, 초콜릿 등 단맛이 나는 티푸드를 담아내는 것이 일반적이다.

기타 도구들

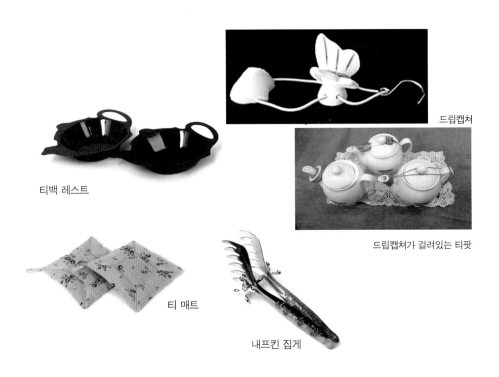

티백 레스트

드립캡쳐

드립캡쳐가 걸려있는 티팟

티 매트

내프킨 집게

사모바르samovar _ 러시아에서 물을 끓이는데 사용되는 금속 주전자로 놋쇠나 구리로 만들어졌다. 러시아어로 '스스로samlf 끓인다varit(바리찌)'라는 의미를 가진 사모바르는 18C 러시아에 홍차가 도입되면서 함께 발달했으며 부의 상징이기도 하였다. 둥근 화병 모양이 주를 이루고 있으며 하단부에는 손잡이가 달린 꼭지가 있어 끓인 물을 받아 낼 수 있다. 주로 몸통 중심에는 가열부가 있고 상단에는 티 팟을 올릴 수 있는 구조이다. 지금도 러시아의 다차(시골별장)에는 언제든지 뜨거운 홍차를 마실 수 있도록 가열 상태를 유지하며 방안의 공기를 데우는 난방의 기능도 가진 사모바르를 구비하고 있는 곳이 많다. 사모바르를 이용해 홍차를 우려 낼 때에는 사모바르 위의 티 팟 안에 찻잎을 넣고 하단의 끓는 물을 부어 충분히 우려낸 후 진한 홍차를 다시 희석하여 마신다. 취향에 따라 잼, 레몬, 설탕, 마멀레이드 등을 입에 넣은 후 진한 차를 한 모금 마시는 것도 러시아만의 독특한 음다 문화로 알려져 있다. 숯, 석탄, 나무 등의 연료를 사용하는 전통적인 사모바르는 엔틱 시장에서 주로 접할 수 있으며 최근에는 전기, 가스를 이용한 현대식 사모바르도 제작되고 있다.

사모바르samovar

* TIP _ 다르질링에는 80여 개나 넘는 많은 다원이 있다. 어느 다원차를 사야 할지 잘 모를 경우에는 봄차와 가을차는 에베레스트산이 가까운 북부 지역의 다원차가 대체로 맛이 있고, 여름차는 남부 지역의 다원차가 맛이 있다고 한다.

좋은 홍차 고르기

차를 즐기기 위해서 가장 먼저 해야 할 중요한 것은 차의 선택이다. 좋은 차란 신선한 양질의 차와 마실 사람의 기호에 맞는 차를 뜻한다. 아무리 최고급의 차라 하더라도 취향에 맞지 않는다면 더 이상 좋은 차로 느껴질 수가 없기 때문이다. 홍차의 종류는 수천 종이 넘고 그것도 산지와 채취 시기에 따라 저마다 제품의 특징이 다르다. 그러므로 차를 구입하고자 할 때는 잘 살펴보고 구매하는 것이 좋다.

유명 회사의 브랜드 홍차를 구입한다.

홍차를 처음 접하는 사람들은 많은 차 중에서 어떤 차를 구입해야 할지 잘 모르는 경우가 많다. 그럴 때는 유명 회사의 공신력 있는 브랜드 차를 선별하는 것이 좋다. 홍차는 생산과 품질 유지 관리를 어떻게 하는지가 매우 중요한데 홍차의 국제적인 평가나 인식이 브랜드 이름으로 이루어지기 때문에 잘 모르는 경우에는 브랜드 차를 구입하는 것이 무난하다.

생산 연도를 잘 살펴보고 구입한다.

차는 신선한 것이 생명이다. 홍차는 유통기간이 2년 정도 되므로 되도록 최근에 생산된 제품을 구입하는 것이 좋다. 홍차는 제조한지 1개월가량 지난 제품이 품질 면에서 가장 우수하다. 왜냐하면 홍차는 제조가 완료된 후에도 숙성이 일어나기 때문이다. 이 숙성 과정에서 떫은맛이 감소하고 풋내가 사라지며 보다 깊이 있고 은은한 홍차의 맛을 내게 된다.

생산지를 잘 알아보고 구입한다.

홍차의 제품을 살펴보면 생산지가 쓰여 있다. 다르질링이나 아삼의 차라면 봄차First Flush인지, 여름차Second Flush인지, 또는 가을차Autumnal인지를 살펴보고 스리랑카의 차라면 고지대(누와라 엘리야) 차인지, 중지대(우바, 딤블라) 차인지, 저지대(루후나) 차인지를 살펴보고 중국의 차, 즉 기문이나 전홍이면 특급에서 6급까지 있는 등급을 잘 살펴보고 구입한다.

다원차를 구입할 경우는 단일 다원차인지 블렌딩한 차인지를 살펴본다.

다르질링의 차일 경우 단일 다원차라면 다원명이 명시되어 있으나, 그냥 다르질링차라고 쓰여 있으면 다르질링의 여러 다원의 차를 섞어 만든 차이다.

홍차의 향만으로 판단하지 말고 맛을 보고 구입한다.

홍차를 처음 접하는 사람들은 건차의 향기만으로 판단하여 구입하는 경우가 많다. 홍차는 건차의 향과 우렸을 때의 맛과 향이 다르게 느껴질 수 있으므로 맛을 보고 구입하는 것이 좋다.

찻잎을 잘 살펴보고 구입한다.

찻잎을 보고 선별할 수 있다면 신선한 향이 느껴지고 찻잎의 모양과 크기가 균일하고 찻잎의 빛깔이 광택이 있고 잘 비벼졌을 뿐 아니라 손으로 들어보아 다소 중량감이 있는 차를 구입하는 것이 좋다.

통잎Whole Leaf인지 브로큰Broken인지를 살펴보고 구입한다.

홍차는 통잎 타입인지 브로큰 타입인지에 따라 우리는 방법이 다르고 맛과 향이 다르다. 찻잎에 흰색(실버 팁스)이나 등황색(골든 팁스)의 작은 잎이 섞여 있는 것이 좋은 차다. 줄기나 이물질이 섞인 것은 피하도록 한다.

포장을 잘 살펴보고 구입한다.

신뢰감 있는 브랜드의 제품은 차의 풍미가 잘 보존되도록 디자인되어 포장 판매되고 있다. 용기는 밀폐가 잘 되는 스텐인리스 캔이나 자기 등이 재질이 좋으며 나무 용기는 자체의 향과 통기성이 있어 적절하지 않다.

보관이 잘 되었는지 꼼꼼히 살피고 구입한다.

홍차의 보관은 너무 습하지 않고 직사광선이 없는 실온에서 보관하는 것이 좋다. 아무리 질 좋은 홍차라도 그 보관 상태가 양호하지 않으면 제빛을 다 발휘하지 못한다.

홍차 맛있게 우리기

홍차는 기호품이기 때문에 맛에 대한 평가는 사람마다 다르다. 그러나 기본적으로 맛있는 홍차는 첫째 찻잔에 부은 탕색의 빛깔이 맑고 밝은 투명한 홍색이거나 황등색이고, 둘째 입에 머금었을 때 향이 신선하고 우아하며, 셋째 Body감(깊은 맛)이 있고, 넷째 마신 후에 뒷맛이 상쾌하고 회감이 좋아야 한다. 이렇게 맛있는 홍차는 어떻게 우릴까? 19C 이후부터 전해 내려오는 맛있는 홍차를 우려내는 기본 룰이 있다. 그것은 '산소를 함유한 신선한 물을 적당한 온도로 끓이고, 적정량의 질 좋은 찻잎을 예열한 포트에 넣어 알맞은 농도로 우려낸다'는 것이다. 이 룰을 잘 지킨다면 제대로 된 홍차를 즐길 수 있다.

1) 기본 홍차우리기Straight Tea - Hot Tea

① 차를 우려내는 도구와 물을 준비한다. 홍차 티 팟 2개, 찻잔, 스트레이너, 메저스푼, 모래시계, 티코지 2개, 물 끓이는 주전자

② 오른쪽 티 팟에 끓는 물을 부어 예열한다.

③ 오른쪽 티 팟의 물을 왼쪽 티 팟에 붓는다.

④ 왼쪽 티 팟에 티코지를 씌운다.

⑤ 예열된 오른쪽 티 팟에 정량의 차를 넣는다.

⑥ 오른손은 물 주전자를 잡고 왼손으로는 모래시계를 잡아 모래시계를 돌리면서 티팟에 물을 따른 후 티코지를 씌우고 시간을 재면서 차가 우러나도록 기다린다.

⑦ 모래시계가 ²/₃쯤 내려갔을 때 왼쪽 티 팟의 물을 찻잔에 붓고 잔을 예열한다.

⑧ 우려진 차를 스트레이너(차 거름망)를 이용하여 왼쪽 티 팟에 붓는다.

⑨ 찻잔의 물을 순서대로 버린다.

⑩ 우려진 차를 따른다.

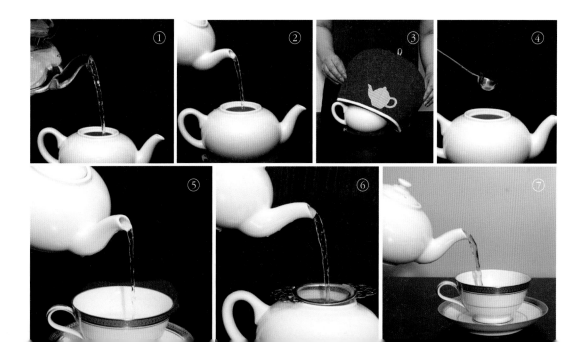

홍차 우리기의 Golden Rule

1. 좋은 품질의 신선한 차이어야 한다.
2. 신선한 물(산소 함량이 높은 연수)을 사용해야 한다.
3. 물은 뜨겁게 하고 티 팟과 찻잔은 꼭 예열하여야 한다.
4. 차의 분량을 잘 조절하여야 한다. 통잎은 티스푼(3g)으로 수북이 담고 입자가 작은 찻잎은 티스푼을 평평하게 깎는다.
5. 우리는 시간을 잘 맞추어야 한다. 통잎 3~5분, 작은 찻잎 2~3분, 잎이 분쇄될수록, 저급의 차 일수록 차의 양과 시간을 줄인다.

홍차 우리기의 표준 계량 표 4 -1

찻잎	용량(g)	물(cc)	시간(분)
다르질링 홀잎	3	400	3
기문 홀잎	3	400	3
아삼 홀잎	3	400	3
아삼 CTC	2	400	2
우바 홀잎	2	400	3
정산 소종	3	400	3
전홍	3	400	3
잉글리쉬 애프터눈	2~3	400	3
잉글리쉬 블렉퍼스트	2~3	400	3
얼 그레이	2	400	3

티백Tea Bag홍차

현대인들이 일상적인 상황에서 간편하게 홍차를 즐길 수 있게 된 것은 티백이 발명된 이후라 할 수 있다. 티백은 사람들의 생활 변화 속도가 빨라지면서 날로 그 이용자가 늘고 있다. 티백은 차의 분량이 정확하게 측정되어 있어 우리기에 편리하고 찌꺼기 등의 뒤처리가 용이하다. 특히 업무용으로 사용할 때는 매상고(잔수)나 재고 관리가 편리한 점 등 이점이 많다. 티백도 제대로 잘 우려낸다면 그 맛은 잎차에 뒤지지 않는다. 이러한 티백은 우연한 실수의 산물이다. 1908년 미국 뉴욕의 차 수입상이던 토마스 설리반Thomas Sullivan이 여러 종류의 차 샘플을 작은 비단 주머니에 넣어서 고객들에게 발송했다. 설리반은 고객들이 비단 주머니에 담긴 찻잎을 꺼내서 사용하리라 생각하고 보냈던 것이었지만 고객들은 찻잎이 든 비단 주머니를 그대로 티 팟 속에 넣고 우려내는 실수를 범하였다. 그리고 이러한 작은 실수가 바로 티백이 탄생하게 된 계기가 되었다. 비단 주머니 차는 우리기도 쉽고 편리할 뿐만 아니라 찌꺼기의 처리도 쉬워 미국에서 큰 인기를 얻게 되었고 1920년 이후부터 대부분의 미국인들은 티백으로 차를 마시는 것을 선호하게 되었다. 이후 비단 주머니는 거즈로 대체됐다가 1930년 보스턴 종이 회사의 월리엄 허머슨William Hermanson이 열로 접착할 수

있는 섬유질 종이 티백 공법으로 특허를 받아 오늘날까지도 종이 티백 속에 찻잎을 넣어 우려내는 방법이 보편적으로 사용되게 되었다. 티백이 홍차문화의 본고장인 영국에 정착하게 되기까지는 거의 반세기 이상의 시간이 필요했다. 2차 대전 이후 1953년 영국 최대의 차 제조업체인 조세프 테틀리Joseph Tetley 회사가 처음으로 티백을 영국으로 들여왔을 때 영국인들의 반응은 냉담하였다. 여러 가지 이유가 있었겠지만 차를 마시는 결과만큼 차를 우려내는 과정을 중요시 여겼던 영국인들에게 간편한 티백의 사용이 미국의 인스턴트식 문화로 비춰져 거부감이 들었기 때문으로 추측되고 있다. 뿐만 아니라 우려서 마시는 잎차에 비해 종이 포장에 들어있는 티백의 맛과 향이 상대적으로 떨어졌기 때문에 전통을 중시하던 영국에서는 이러한 티백 홍차가 쉽게 받아들여지기가 어려웠다. 이러한 다양한 이유로 1960년대 초까지도 영국 내 티백 홍차의 시장 점유율은 5%에 불과했다. 1964년 테틀리사의 지속적인 노력에 의해 차가 잘 우러나도록 티백의 포장이 개선되자 티백으로 우려낸 차의 맛이 현저히 좋아지게 되었다. 현대 사회의 상황이 급변해짐과 더불어 영국인들이 실용성과 간편성을 추구하게 되면서 티백의 수요가 증가하기 시작하였다. 종이 포장 안에 정확한 양의 차를 보유하고 있는 티백 포장의 홍차는 다수의 인원이 차를 마실 경우 일정하고 보편적인 맛으로 홍차의 풍미를 즐길 수 있게 만들었으며 음용 이후의 처리도 편리하여 전 세계적으로 소비되고 있다.

티 팟에 우릴 때
① 물을 끓인 다음 티 팟과 찻잔을 예열한다.
② 예열한 티 팟에 끓인 물을 부은 후 티백을 비스듬히 넣는다.
③ 티코지를 씌우고 시간을 재어 차를 우려낸다.

찻잔에 우릴 때

① 찻잔을 열탕으로 예열하고 물은 버린다.

② 충분히 끓은 열탕을 찻잔에 붓는다.

③ 티백 한 개를 되도록 옆으로 비스듬히 넣는다.

④ 잔 받침을 덮고 1~2분간 우려낸다.(차가 잘 우러나고 향을 유지하기 위해)

⑤ 시간이 되면 티백을 가만히 건져낸다. 짜거나 흔들어서는 안 된다.

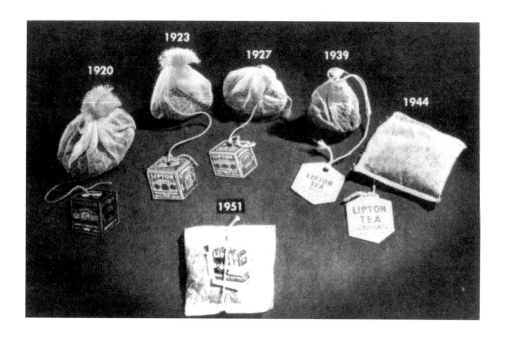

Variation Tea 우리기 _

베리에이션 티는 정통적인 뜨거운 티Straight Tea의 변형으로 홍차에 여러 가지를 첨가하여 특유의 풍미를 즐기는 차를 말한다. 베리에이션 티는 천차만별이어서 종류는 응용에 따라 다양하게 많으나 주로 즐기는 몇 가지를 소개한다.

밀크티Milk Tea

영국인들이 즐겨 마시는 차로 홍차를 진하게 우려서 우유와 설탕을 함께 넣는다.
밀크티는 상온의 우유를 주로 사용하기 때문에 찻잔의 예열이 중요하다.

· 준비물 _ 차 4g, 물 400cc, 우유 조금, 설탕이나 시럽 약간

① 물을 끓인다.

② 2개의 티 팟을 준비하여 끓인 물을 부어 예열하고 찻잔도 예열한다.

③ 티 팟 하나에 찻잎을 넣는다. (스트레이트 티보다 한 스푼 많게)

④ 다른 티 팟은 티코지를 씌워 보온해 둔다.

⑤ 찻잎을 넣은 티 팟에 끓인 물을 붓고(350~400cc) 티코지를 씌운다. 물을 붓
는 동시에 모래시계 등으로 시간을 잰다. (차의 종류에 따라 다르지만 일반적
으로 3분)

⑥ 우려난 차를 스트레이너(거름망)를 이용하여 예열된 또 다른 티 팟에 따른다.
(차를 재탕하여 우리지 않는다.)

⑦ 예열된 찻잔의 물을 버린다.

⑧ 예열된 찻잔에 우유를 붓는다. (우유 1, 우린 차 10의 비율)

⑨ 우유가 담긴 찻잔에 차를 따른다.

⑩ 기호에 따라 설탕이나 시럽을 넣을 수 있다.
(시럽 만들기: 물1, 설탕1 비율)

로얄 밀크티Royal Milk Tea

일반 밀크티는 완성된 홍차에 원하
는 만큼의 우유를 섞는 것에 반해, 로
얄 밀크티는 찻잎에 물과 우유를 넣
고 함께 끓이는 홍차다. 밀크티에 비

해 우유의 함량이 많고 시럽을 듬뿍 첨가해서 마시기 때문에 스트레이트 티보다 위의 부담을 덜어주어 아침 식사 대용이나 숙취해소에도 좋다. 인도식 차이Chai로부터 향신료를 뺀 것을 일본이 개발하여 널리 애음되고 있다. 기호에 따라 생크림을 얹어 마시기도 한다. 로얄 밀크티의 경우 정통적인 홍차(스트레이트 티) 우리기보다 찻잎을 배로 더 많이 넣어야 한다.

· 준비물 _ 차 8g(잉글리쉬 브렉퍼스트나 아삼), 물 200cc, 우유 200cc, 설탕 약간, 손잡이 달린 냄비, 밀크 저그, 슈가볼, 온도계, 스트레이너, 스푼 2개

① 손잡이 냄비를 준비한다. (불에 직접 끓이면 뜨거워지므로 손잡이 냄비가 붓기에 적당하다.
② 냄비에 물 200cc와 차 8g을 같이 넣고 끓인다.
③ 타지 않도록 주의 깊게 보고 있으면 찻잎이 가라앉다가 끓을 때 위로 뜬다. (30초~1분 정도 끓인다)

④ 끓고 있는 찻물에 우유(상온의 우유)를 넣는다. (이때 온도가 50℃정도로 떨어진다.) 우유가 섞인 찻물이 80℃ 정도 되어 막 끓어오르면 불을 끄고 설탕을 넣는다.

⑤ 예열한 티 팟에 스트레이너(거름망)를 이용하여 조심스럽게 따른다.

⑥ 예열한 찻잔에 따른다. (남은 것은 티코지를 씌운다.)

아이스티Ice Tea

우연의 산물인 아이스티Ice Tea는 1904년 미국에서 개최된 세인트 루이스 국제박람회St. Louis World's Fair에서 시작되었다. 당시 미국의 음다 문화는 홍차보다는 중국에서 건너온 녹차를 중심으로 발전하고 있었다. 홍차를 주로 생산하던 인도 차 생산자협회는 세인트루이스 국제박람회를 통하여 홍차의 보급을 유도하고자 하여 영국인 차 상인 리처드 브레친든Richard Blechyden에게 차의 판매를 위탁하였다. 그는 '인도 차'의 보급을 위해 방문객들에게 차를 무료로 시음하는 행사

를 벌였으나 더운 날씨 탓에 아무도 뜨거운 차에 관심을 보이지 않았다. 그래서 핫 티Hot Tea에 얼음 조각을 집어넣고 시원한 차를 만들어 방문객들에게 권하게 되었는데 큰 인기를 누렸다고 한다. 그 당시 이 박람회장에 우연의 산물이 또 하나 있는데 그것은 다름 아닌 햄버거이다. 박람회장에 수많은 인파가 몰려들자 한 요리사가 너무 바쁜 나머지 고기를 갈아 만든 햄버거 스테이크를 빵 위에 얹어 샌드위치 형태로 팔았던 것이 오늘날 미국식 햄버거의 시초가 되었다. 당시 아이스

티Ice Tea는 햄버거와 함께 박람회의 히트 상품이 될 정도로 호평을 얻었으며 재빠르게 상품화되어 여러 국가에 소개되었다. 홍차의 최대 소비국인 영국에서는 여전히 차란 따뜻한 것이라는 인식 때문에 비교적 소비량이 적은 편이지만 차갑고 시원하게 마실 수 있는 아이스티는 현재 미국 가정에서 소비되는 차의 80% 이상을 차지하고 있다. 뿐만 아니라 더운 여름에 갈증을 해소하는 대표적인 음료로 미국인을 비롯한 전 세계인들에게 많은 사랑을 받고 있다.

피치 아이스티Peach Ice Tea

복숭아 향을 첨가한 홍차로 복숭아의 풍부한 향과 달콤한 맛을 느낄 수 있으며 티백이라 우리기가 편하다.

· 준비물 _ 복숭아 티백 2g 2개,
물 150~200cc, 시럽 얼음 약간

① 티 팟에 끓인 물을 부어 예열한 후 뜨거운 물 150~200cc를 붓고 티백을 넣어 티코지를 씌워 차를 우려낸다. (3분)
② 시간이 되면 티백을 꺼낸다.
③ 얼음을 채운 유리잔에 뜨거운 차를 조심스럽게 붓는다.
④ 적당하게 부은 후 만들어 둔 시럽을 기호에 맞게 넣어 저어 마신다.

애플티Apple Tea

사과의 상큼함과 홍차의 독특한 향을 함께
즐길 수 있다. 겨울에 감기 걸렸을 때 먹으
면 좋다.

· 준비물 _ 홍차 2g, 물 300cc, 사과1/2개, 설
　　　　　탕이나 시럽 약간

① 장식에 필요한 사과 절임을 조금 만들어
　 놓는다. 사과를 작고 얇게 네모반듯하게
　 썰어서 설탕을 듬뿍 넣고 절여 놓는다.
　 티 팟에 넣을 사과도 얇게 썰어 놓는다.

② 뜨겁게 데운 티 팟에 홍차와 사과 얇게
　 썬 것을 넣는다.

③ 끓인 물을 붓고 티코지를 씌운다. (3분)

④ 예열한 또 다른 티 팟에 우려진 찻물을 붓는다.

⑤ 예열한 찻잔에 사과절임 장식을 담고 뜨거운 홍차를 따른다. 기호에 따라 설
　 탕이나 시럽을 조금 넣는다.

마살라 짜이Masala Chai

홍차에 향신료인 생강, 정향, 계피, 후추, 겨자 등과 우유를 함께 넣고 끓이는
인도 전통 홍차이다. 최근에는 향신료가 첨가된 홍차가 나와 쉽게 접할 수 있다.
마살라는 인도의 향신료를 뜻한다.

· 준비물 _ 마살라 짜이 6g, 물 200cc, 우유 200cc, 설탕 약간

① 냄비에 물과 마살라 짜이를 넣는다.

② 끓기 시작하면서 찻잎이 위로
  뜨면 우유를 넣는다.
③ 기호에 맞게 설탕을 넣는다.
④ 스트레이너(거름망)를 이용
  해 찻잎을 걸러낸다.
⑤ 예열한 찻잔에 따른다. (남은
  것은 티코지를 씌운다.)

티 펀치Tea Punch

여름철에 여러 가지 과일과 함께 어우러지는 홍차를 즐길 수 있다.

· 준비물 _ 홍차 3g, 물 300cc,
딸기, 키위, 바나나, 그 외 취향에 따라 과일 선택, 얼음, 소다수 약간

① 과일을 씻어서 작게 썰어둔다.
② 한 티 팟에 끓는 물을 부어 예열한 후 다른 티 팟에 그 물을 붓고 티코
지를 씌운다.

③ 예열된 티 팟에 정량의 차를 넣는다.
④ 끓는 물을 붓고 티코지를 씌운 후 모래시계로
시간을 잰다. (3분)
⑤ 스트레이너(거름망)를 이용하여 차를 따른다.
⑥ 넓은 보울에 얼음을 담고 우려낸 차를 따른 후
소다수를 약간 넣는다.
⑦ 입이 넓은 유리잔에 과일을 모양 있게 담고
그 위에 차를 붓는다.

아이스 밀크티Ice Milk Tea

우려진 밀크티에 얼음을 넣어 시원하게 마시는 홍차이다.

· 준비물 _ 차 4g, 물 200cc, 우유 약간, 시럽, 얼음 약간

① 물을 끓인다.
② 티 팟에 끓인 물을 부어 예열하고 또 다른 티 팟에 부어 티코지를 씌운다.
③ 예열된 티 팟에 차를 넣고 뜨거운 물을 붓는 동시에 모래시계 등으로 시간을 잰다. (차의 종류에 따라 다르지만 일반적으로 3분)
④ 예열 중인 다른 티 팟의 물을 버린다.
⑤ 스트레이너(거름망)를 이용해 예열된 티 팟에 우린 차를 따른다.
⑥ 유리잔에 얼음을 담고 뜨거운 차를 조심스럽게 따른다.
⑦ 적당히 녹은 찻물에 우유와 시럽을 기호에 맞게 조금 넣어 저어준다.
⑧ 얼음이 녹아 부족하면 얼음을 조금 더 넣어 부드럽고 시원한 차를 즐긴다.

얼 그레이 아이스티Earl Grey Ice Tea

얼 그레이 스트레이트 티보다 찻잎을 많이 넣어 진하게 우려내어 얼음을 넣고
얼 그레이의 독특한 향과 맛을 시원하게 즐긴다.

· 준비물 _ 얼 그레이 4g, 물 200cc, 얼음 약간

① 물을 끓인다.
② 티 팟에 끓인 물을 부어 다른 티 팟과 같이 예열한 후 티코지를 씌운다.
③ 예열된 티 팟에 차를 4g 정도 넣은 후 끓인 물을 부으면서 시간(3분)을 잰다.
④ 티코지를 씌워 뜨겁게 우려낸다.
⑤ 차 우리는 동안 유리잔에 얼음을 채운다.
⑥ 시간이 다 되어 차가 우려졌으면 예열 중인 티 팟의 물을 버리고 스트레이

너를 이용하여 다른 티 팟에 우린 차를 따른다.

⑦ 얼음을 채운 유리잔에 뜨거운 차를 조심스럽게 따른다.

⑧ 기호에 맞게 시럽을 넣어 마신다. 모든 티는 아이스티가 가능하나 실론티, 아삼 CTC, 케냐 CTC가 적합하다.

진저 티 Ginger Tea

인도의 마살라 티의 재료인 생강만을 사용한 진저 티는 몸을 따뜻하게 하는 효과가 있다.

· 준비물 _ 홍차2g, 물 400cc, 생강 2~3조각, 꿀이나 우유

① 자루가 긴 냄비에 물을 붓고 갈아놓은 생강을 찻잎과 같이 넣어 끓인다.

② 따뜻하게 데운 티 팟에 스트레이너(거름망)를 이용하여 따른다.

③ 찻잔에 우려낸 차를 따르고 얇게 썰어둔 생강을 담아낸다.

④ 기호에 따라 꿀이나 우유를 조금 넣는다.

브랜디 티 Brandy Tea

티타임 연출에 적당하며 브랜디의 강한 향과 아련한 불꽃을 함께 즐길 수 있다.

· 준비물 _ 홍차 2g, 각설탕 1개, 브랜디 약간

① 물을 끓여 티 팟에 차를 넣고 우려낸다.

② 우려낸 찻잎을 스트레이너(거름망)로 걸러낸다

③ 예열해둔 찻잔에 취향에 맞게 적당량의 브랜디를 넣는다.

④ 그 위에 뜨겁게 우려낸 차를 붓는다.

⑤ 티스푼 위에 각설탕을 올려놓고 브랜디를 부어 각설탕에 불을 붙여본다.

⑥ 알코올은 날아가면서 향을 낸다.

⑦ 컵에 넣어 잘 저어서 섞는다.

Chapter 5.

홍차학개론

세 계 의
홍   차
생 산 지

...

Chapter V. 세계의 홍차 생산지

차는 생산지 고유의 환경조건에 따라 품질이 크게 좌우된다. 심지어 같은 품종이라 할지라도 재배지에 따라 풍미가 달라진다. 이는 차나무가 자라는 곳의 환경조건과 생태조건의 차이가 복잡하게 얽혀 차의 풍미에 영향을 주기 때문이다. 이처럼 원산지에 따른 차이나 독특함을 테루아Terrior라고 한다. 테루아는 흙을 뜻하는 '테르Terre'에서 파생되었으며 처음에는 포도가 자라는 데 영향을 주는 지리적인 요소로 포도 재배법을 설명하기 위한 것이었다가 현재는 농작물에도 쓰이고 있다. 차에 있어 테루아란 차나무가 자라는 곳의 토양, 강수량, 태양, 바람, 경사, 관개, 배수 등에 관한 것 뿐만 아니라 그 지역의 생산자들이 보유한 독특한 재배법이나 가공법까지 더해 홍차의 맛과 향에 영향을 끼치는 모든 요소를 포함한다.

세계 최대 홍차 생산국, 인도India

세계 홍차 생산량의 75%를 차지하는 인도의 차 생산지는 다르질링, 아삼, 도아즈가 있는 북동 인도와 닐기리가 있는 남인도로 구분된다. 같은 북동부라도 다르질링 같은 고지대와 아삼 같은 저지대에서 생산되는 홍차의 맛과 향은 차이가 크다.

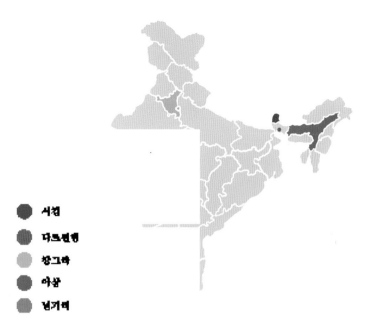

싱포 빌리지Shingpho Village

그러면 인도에서는 언제부터 차가 생산되었을까? 사실 인도에는 차나무가 오래 전부터 자생하고 있었고 원주민인 싱포Singhoo족과 캄티Khamti족이 일찍부터 차를 즐겨 마셨다고 한다. 인도에서의 홍차의 재배는 스코틀랜드 출신 로버트 부르스가 1823년 싱포족Singhoo를 만나 아삼종의 존재를 알게 된 후 인도에서 홍차를 재배하기 위해 중국의 기후, 풍토에 가까운 지역을 파악하게 되면서 시작되었다. 처음 영국인들은 이제까지 알고 있는 중국의 차나무보다 훨씬 크고 억센 아삼종을 차나무라고 믿지 않았다. 그러나 1838년 인도 북동부 아삼지방의 차나무(아삼종)로 홍차 제조가 성공하게 되었고 런던 티 옥션에서 고가로 낙찰되면서부터 본격적으로 인도에서 재배된 '홍차의 시대'가 열리게 되었다. 1839년에는 차 산업에 관심을 가진 영국인들이 아삼 컴퍼니Assam Company를 설립하였고 1850년부터는 중국의 기후 풍토에 가까운 다르질링에서, 1860년대에는 남부 닐기리에서도 영국인들에 의해 차 생산이 시작되었다.

다르질링Darjeeling _

다르질링은 인도 북동부 서벵골 주의 북쪽, 해발고도 2,200여m의 히말라야산맥 남동쪽 기슭에 있다. 네팔, 부탄, 티베트, 시킴 방면으로 통하는 교통의 요지이며 휴양지, 관광지로도 알려져 있다. 이 곳은 본래 시킴 왕국의 영토였으나 1833년 영국이 양도 받아 휴양지로 건설함과 동시에 차를 재배하기 시작하면서 발전하였다. 1839년 다르질링의 초대 지사로 부임한 아치볼드 캠벨Archibald Campbell은 다르질링의 서늘한 기후와 토양이 중국의 명차 생산지와 비슷하다고 여겨 차나무를 시험 재배하였다. 당시 영국 정부는 아삼에서의 차 생산 가능성을 보고 인도 각지에서 차가 자랄 수 있는 곳을 탐색하던 중이었는데 다르질링의 기후와 토양은 중국에서 가져온 중국종과 아삼에서 가져온 아삼종이 모두 잘 적응한다

안개낀 다르질링Darjeeling 다원

는 것이 확인되었다. 1856년경에는 다원 개척이 본격적으로 시작되어 1860년
대에는 40여 개의 다원이 개간되었고, 현재는 약 100여 개의 다원이 있으며 일
부는 역사가 200년 가까이 되는 곳도 있다. 다르질링의 차 재배 면적은 181평
방 킬로미터에 불과하지만 세계에서 가장 유명한 홍차가 이 곳에서 생산된다.
다원들은 해발 1,000~2,700m이내의 급경사지에 위치하고 있다. 특유의 향미는
1,000~2,100m에 이르는 높은 고도 때문에 생기는 것이다. 고지대인 다르질링
은 일교차가 크며 그로 인해 발생되는 안개는 직사광선을 차단하고 찻잎이 수분
을 머금고 있게 한다. 산 위에서 차가운 바람이 불어와 안개가 걷히면 곧바로 직
사광선이 내리쬐어 찻잎을 말려 준다. 이 반복되는 작업으로 다르질링 홍차만의

독특한 향미가 만들어진다. 토양은 대체로 산성으로 질소와 칼슘 등을 많이 함유하고 있어 차나무가 생육하기 좋은 최적의 조건을 갖추고 있다. 온도는 여름에 평균 25℃, 겨울에 8℃ 정도이나 고지대는 서리의 영향을 받기도 한다. 강우량은 1,400~1,6000mm이다. 차나무의 품종은 중국종과 아삼종, 아삼 하이브리드, 차이나 하이브리드, 크로날 종 등이 있으나 중국 품종이 많다. 찻잎은 대체로 섬세하면서도 은은한 맛을 내어 다르질링의 독특한 풍미와 신선하면서도 엷은 백포도주 품종인 무스카텔 향이 나서 '홍차의 샴페인'이라는 명칭을 가지고 있다. 보통 일 년에 세 번 수확하며 각 시기별로 독특한 맛과 향을 가지고 있다.

다르질링 티Darjeeling Tea

막대한 양의 티를 생산하는 아삼 지방과는 달리 다르질링 지방에서는 인도 티 총생산량의 1%에 불과한 양이 생산된다. 다르질링 지방에서 생산되는 차는 질감이 가볍고 색과 향, 맛이 매우 섬세하다. 차는 모두 오서독스Orthodox방식으로만 생산되며 그 향미의 특별함은 물론 한정된 생산량 때문에 더욱 가치가 높다. 다르질링 티는 그 특별한 가치로 인해 인도에서 생산되는 티 가운데 처음으로 '지리적 표시제GI, Geographica Indication'를 사용할 수 있도록 허가를 받았다. 때문에 다르질링 지역에서 생산되는 티에만 오직 '다르질링Darjeeling'이라는 상표명을 붙일 수 있다.

봄차 First Flush Tea

3월 초순에서 5월 중순에 어린 싹을 포함한 최고 등급의 찻잎을 채엽하여 생산하

는 것을 퍼스트 플러시First Flush Tea라 부른다. 선선한 기후에서 산화가 천천히 일어나기 때문에 홍차를 제조하게 되면 암녹색의 찻잎이 많이 포함되어 있다. 탕색은 황색 또는 밝은 오렌지색

이며 신선하고 산뜻한 향미와 수렴성 있는 떫은맛과 목 넘김이 부드러운 것이 특징이다. 홍차의 신선한 맛으로 봄이 오는 느낌을 즐기는 이들은 해마다 다르질링 첫 생산 시기가 되면 그 향기를 느끼기 위해 미리 예약하기도 한다. 빠르면 2월말에 채취 생산되기도 하며 오후 차로 적합하다.

여름차Second Flush Tea

6~7월에 생산되는 차로서 퍼스트 플러시 이후 짧은 휴면기(약 2주)를 가진 뒤에 충분히 성장한 싹과 잎을 채엽하여 만든 차를 세컨드 플러시Second Flush Tea라 한다. 이 시기의 차는 다르질링 지방 특유의 향기와 맛을 내는 품질이 뛰어난 최고의 다르질링 퀄러티 시즌티Quality Season Tea로도 유명하다. 세컨드 플러시는 '무스카텔 플레이버Muscatel Flavor'라 불리는 향과 신선한 과일 계통의 향이 특징인 차가 제조되어 맛, 향기, 탕색을 모두 갖춘 최고급품으로 생산된다. 원숙한 맛과 향을 풍만하게 즐길 수 있어 '차의 샴페인'이라는 말이 생겨났다. 외형은 어린 싹을 포함한 연한 갈색이며 탕색은 오렌지색을 띄며 맑고 밝다.

무스카텔 티Muscatel Tea

다르질링 세컨드 플러시 티 가운데에서 첫 2주 동안 생산된 티는 유명한 머

스캣 포도에 견줄만한 향미라 해서 '무스카텔 티Muscatel Tea'라고 한다. 이 시기에는 진딧물이 바짝 발생해 찻잎을 뜯어 즙을 빨아 먹는다. 이때 잎에 상처가 생기면서 효소 반응이 일어나 수분 함량이 줄어들고 줄기는 팽창하고 보라빛을 띠며 성장도 억제되어 향이 응축된다. 이렇게 지리적인 조건과 섬세한 생산과정이 복합되어 아주 소량의 티에만 무스카텔이라는 이름이 허용된다. 무스카텔 찻잎은 어두운 갈색을 띤다. 이들 잎과 함께 수확한 잔털이 보송보송한 어린 새싹은 은빛으로 빛나기도 한다. 무스카텔 향이 나며 맛은 부드럽고 달콤한 과일 맛이 난다.

가을차Autumnal Tea

세컨드 플러시 이후에 오는 우기 (7~9월)가 끝나고 난 다음 건기 (11~2월)가 시작하기 전 10~11월에 채엽하여 생산되는 차를 오텀널 Autumnal Tea이라 한다. 찻잎이 두터워 맛과 색이 더 진해지고 향은 아로마가 부케로 발달되어 비교적 좋은 품질의 차가 생산되나, 기간이 짧고 생산량은 많지 않다. 외형은 녹색이 거의 없는 흑갈색이며 퍼스트 플러시와 세컨드 플러시와는 달리 부드럽고 성숙한 깊은 맛이 나며 꽃향과 달콤한 향기와 은은한 떫은 맛의 조화가 부드럽게 잘 어우러진 것이 특징이다.

인 비트윈 티In Between Tea

당해 겨울이 짧고 봄의 기후가 온화하여 퍼스트 플러시First Flush Tea가 일찍 생산된 경우 3~5월에 채취하는 것으로 세컨드 플러시Second Flush Tea가 자란 신초의 수렴성과 결합된 것이 특징이지만 많이 생산되고 있지 않다.

▲

칸첸중가산Mount Kangchenjunga은
네팔과 인도의 국경에 위치한, 세계 제3봉으로, 높이는
8,586m이다. 8,450m가 넘는 네 개의 봉우리를 포함하여
다섯 개의 봉우리가 있다고 하여 '다섯 개의 눈의 보고'라는
뜻을 가지고 있다.

겨울차Winter Tea

당해 겨울이 따뜻하여 1월 중순~2월 초에 신초가 나는 경우에 생산된다.

몬순 차Monsoon Tea

7~8월 하순은 우기로 찻잎의 성장이 촉진되어 다량의 수확이 가능한 시기이지만 품질은 떨어진다. 대부분 블렌딩용 차로 수출되며 이 기간을 베스트 시즌Best Season이라고 한다. 찻잎의 수확량이 많은 시기이지 차의 맛과 향, 품질이 베스트임을 의미하는 것은 아니다.

생산지역

다르질링 다원들은 300m고도에 걸쳐 분포하며 대부분 1,000m 이상의 고도에 자리 잡고 있다. 특유의 향미는 일차적으로 1,000~2,100m에 이르는 높은 고도 때문에 생기는 것이다. 인도의 2,000개 이상의 다원 중에서 1등부터 100등까지는 다르질링 다원이며 101등부터 나머지 지역의 최상위권 다원이 나오게 된다. 생산량은 인도 전체의 1.13%에 불과하지만 품질이 매우 뛰어나 지리적 표시제의 보호를 받는다.

유명다원은 90년대 6대 다원인 캣슬턴Castleton, 정파나Jungpana, 굼티Goomtee, 셀림봉Selimbong, 푸심빙Pussimbing, 차몽Chamong 다원과 영국계 자본 소유인 터보Thurbo, 마가렛 호프Margaret's Hope, 바담탄Badamtam, 스프링사이드Spring Side, 바네스버그Barnesbeg와 싱블리Singbulli, 푸타봉Puttabong, 서남부의 명문 다원인 오카이티Okayti, 고팔다라Gopaldhara, 발라선Balasun, 슝마Sungma, 푸구라Pugula, 리시하트Risheehat 등 20여 개 다원이 상위권에 속한다. 다르질링은 동다르질링, 서다르질링, 미릭, 북쿠르세옹, 남쿠르세옹, 렁봉 밸리, 티에스타 밸리의 7개의 소지역으로 나눈다.

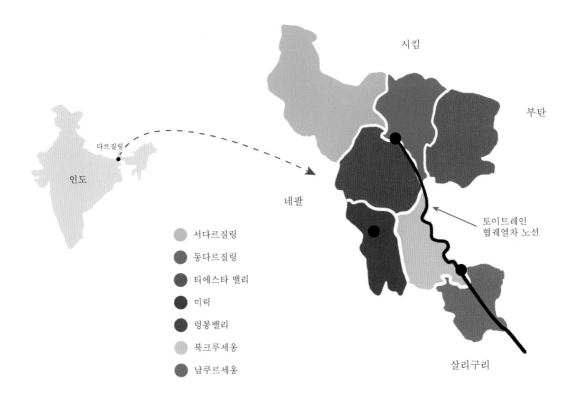

시킴

부탄

네팔

다르질링

인도

● 서다르질링
● 동다르질링
● 티에스타 밸리
● 미릭
● 렁봉밸리
● 북크루세옹
● 남쿠르세옹

토이트레인
협궤열차 노선

살리구리

동다르질링Darjeeling East Valley

이 지역 다원들은 골든 밸리 산맥에서 불어오는 서늘한 히말라야 바람 덕을 톡톡히 보고 있다. 재배되는 차나무의 대부분이 중국 소엽종이다. 아르아Arya, 총통 Chongtong, 두테리아Dooteriah, 칼레이 밸리Kalej Valley, 린기아Lingia, 메리봉Mary-bong, 밈Mim, 오렌지 밸리Orange Valley, 푸심빙Pussimbing, 리시하트Risheehat, 렁묵 앤 세다르Rungmook & Cedars, 툼송Tumsong 등이 있다.

서다르질링Darjeeling West Valley

서벵골주에서 가장 오래된 다원들 중 다수가 여기에 있다. 다르질링 지역만 따지면 북쪽 해발 2,100m에 있는 해피 밸리 다원(1854년 설립)이 가장 오래 되었다. 바담탄Badamtam, 반녹번Bannockburn, 바네스버그Barnesbeg, 해피 밸리Happy Valley,

북 투크바North Tukvar, 판담Pandam, 품세링Phoobsering, 란가룬Rangaroon, 렁니트Rungneet, 싱톤Sington, 투크바Tukvar, 바 투크바Var Tukvar 등이 있다.

북쿠르세옹Kurseong North Valley

암부샤Ambootia, 발라선Balasun, 딜라람Dilaram, 마가렛 호프Margaret's Hope, 문다코테Moondakotee, 오크Oaks, 링통Ringtong, 싱겔Slnggell, 스프링 사이드 Spring Side 등이 있다.

남쿠르세옹Kurseong South Valley

캣슬턴Castleton, 기다파하르Gidhapahar, 굼티Goomtee, 조그마야Jogmaya, 정파나Jungpana, 롱뷰Longview, 마할데람Mahalderam, 마카이바리Makaibari, 몽테바옷Monteviot, 렁봉Rungbong, 셀림 힐Selim Hill, 시포이드후라Seepoy-dhura, 시비타르Sivitar, 틴드하리야Tindharia 등이 있다.

토이트레인 _ 과거에는 다원에서 실리구리까지 차를 실어 날랐으나 현재는 관광용이 되어있다.

미릭Mirik Valley

이 지역은 히말라야산맥을 사이에 두고 네팔과 맞닿아 있는데 경사지에 조성된 다원에 서서 바라보면 산맥의 잔 줄기가 선명하게 보인다. 터보Thurbo, 오카이티 다원이 유명하다. 가야바리Gayabari, 고팔다라Gopaldhara, 오카이티Okayti, 푸구리Phuguri, 시욕Seeyok, 싱불리Singbulli, 소우레리Soureni, 터보Thurbo 등이 있다.

렁봉 밸리Rungbong Valley

아봉그로브Avongrove, 차몽Chamong, 드하레아Dhajea, 나그리 팜Nagri Farm, 셀림봉Selimbong, 숭마Sungma 등이 있다.

티에스타 밸리Teesta Valley

히말라야에서 발원한 티에스타 강이 이 지역을 관통해 흘러내리는 까닭에 유독 풍성한 생물 다양성을 자랑한다. 티에스타 밸리, 글렌번, 사마비옹다원이 유명하다. 힐튼Hilton(이전에는 암비옥Ambiok이라고 불렀다), 기엘레Gielle, 글렌번Glenburn, 쿠마이Kumai(Snow view), 롭추Lopchu, 미션 힐Mission Hill, 남링Namring, 렁글리Runglee, 렁글리오트Rungliot, 사마비옹Samabeong, 숨Soom, 티에스타 밸리Teesta Valley, 투크다Tukdah 등이 있다.

다르질링의 다원들Darjeeling Tea Estates

정파나 다원Jungpana Tea Estate

1899년에 설립된 정파나 다원은 다르질링 남쿠르세옹Kurseong South Valley 지역에 위치한다. 표고 약 1,000~1,600m에 걸쳐 다원이 펼쳐져 있으며, 다원으로 가는 길이 매우 험한 것으로 유명하다. 이 다원의 퍼스트 플러시는 녹차와 비슷한 황

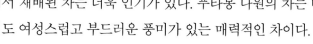

록색 탕색과 신선한 향을 가지고 있으며, 약간 떫은맛이 시원 상쾌하고 뒷맛이 달다. 세컨드 플러시는 무스카텔 향과 부드럽고 달콤한 맛이 나며 탕색은 밝은 홍색이 맑고 밝아

향, 맛, 수색의 밸런스가 좋다. 오텀널은 강한 떫은맛과 부케 향기가 특징이다. 유기농 제법을 하며 녹차와 백차, 홍차를 생산하고 있는 명문 다원이다. '정파나Jungpana'라는 다원명은 정Jung의 샘물Pana이라는 의미를 가지고 있다. 인도가 식민지 시절 영국의 한 관리가 다르질링을 지나가던 중 표범에게 공격을 당했는데 '정Jung'이라는 이름을 가진 인도인 군인이 표범과 싸우다 죽을 지경에 이르렀다. 그에게 마지막 소원을 물으니 "죽기 전에 시원한 물을 마시고 싶다"고 하였고 근처에 있는 '샘물Pana'를 떠다 주었다. 물을 마신 후 용병 정Jung은 눈을 감았다고 한다. 그 지역은 정Jung의 샘물Pana, '정파나Jungpana'로 불리게 되었고 이 후 차 밭이 생기면서 동명의 다원으로 불리고 있다.

푸타봉 다원Puttabong Tea Estate

1852년에 설립된 푸타봉 다원은 일명 투크바 다원이라고도 부른다. 다원은 서다르질링Darjeeling Valley의 최북단에 위치하고 있으며, 면적 476ha로 다르질링에서 가장 넓은 다원이다. 표고 350~2,000m에 펼쳐져 있는 이 다원에서 생산된 차들은 푸타봉 다원만의 특수 제조기술로 차를 재배, 생산하기 때문에 신선하고 향기가 좋아 옥션에서 호평을 받고 있다. 특히 고지대에서 재배된 차는 더욱 인기가 있다. 푸타봉 다원의 차는 다르질링 차 중에서도 여성스럽고 부드러운 풍미가 있는 매력적인 차이다. 봄에 수확하는 퍼스트 플러시는 신선하고 상큼한 화향과 섬세한 맛이 조화를 이루고 있다. 세컨드 플러시는 머스캣 향과 깊고 완숙된 맛의 조화로움을 풍부하게 즐길 수 있다. 2009년부터는 유기농 재배를 도입하고 있으며 현재는 Jayshee & Industries 소유 회사다. 다원명인 '푸타봉'은 힌두어로 무성한 잎들인 'Putta'와 지역, 장소의 뜻인 'Bong'을 합쳐 '잎이 무성한 곳'이라는 의미이다. 즉 좋은 차를 생산하는 곳이라는 뜻도 포함되어 있다.

캣슬턴 다원Castleton Tea Estate

1885년에 설립된 캣슬턴 다원은 구드릭 그룹Goodricke Group의 8개 다원 중 하나이다. 이 다원은 다르질링 지방에서도 중간 정도의 고도에 위치해 있어, 비교적 온화한 기후 속에서 순하고 균형 잡힌 풍미의 차가 생산되고 있다. 이 곳에서는 고급 홍차의 제조를 목적으로 다원과 제다 공장을 담당하는 각각의 전문 기술자들을 두고 차를 재배, 생산하여 세련된 상질의 차를 생산해 내고 있다. 봄차인 퍼스트 플러시는 수확량이 적어 희소가치가 있어 '프리미엄'급이 붙기도 한다. 여름에 수확되는 세컨드 플러시는 맛과 향이 매우 강하다. 이 다원은 약 10년 전부터 옥션에서 고가로 거래되면서 이전의 최고가 기록을 몇 번이나 갱신한 것으로 유명하다. 다원명은 옛날 다원 내에 둥근 건물이 있었는데 멀리서 보면 마치 성 Castle처럼 보였다고 하여 '캣슬턴Castleton'이라고 지었다고 한다.

굼티 다원Goomtee Tea Estate

1899년에 설립된 굼티 다원은 다르질링 남쿠르세옹Kurseong South Valley, 표고 900~1,600m 사면에 위치하고 있다. 풍부한 비와 안개, 일교차가 큰 기후 조건 속에서 섬세한 향과 부드러운 느낌의 단맛을 지닌 양질의 차를 생산하여 옥션(차 경매)에서 좋은 평가를 얻고 있는 명문 다원이다. 특히 굼티 다원의 차는 깊은 맛 뿐 아니라 향이 좋은 것으로 유명하다. 면적 225ha인 굼티 다원에서는 비교적 발효도가 낮은 홍차를 생산하고 있으며, 백차와 녹차도 생산하고 있다. 이 다원은 특이하게도 다원 설립 이후부터 있는 중국종의 본래 차나무를 한 번도 바꾸거나 이식하지 않으면서 그 전통을 지켜 오고 있다. 그래서 이 곳에는 수령 100년 이상 되는 중국종 차나무들도 있다. 다원명 '굼티Goomtee'는 인도어로 '반환 지점'이라는 의미를 가지고 있으며 전망이 좋아 여행객이 많이 찾는 다원으로 유명하다.

셀림봉 다원Selimbong Tea Estate

다르질링 지역 서쪽, 렁봉 밸리Rung Valley에 위치한 셀림봉 다원은 1866년에 설립되었다. 이 다원은 표고 1,600~2,000m의 고지대에 위치한 명문 오가닉 다원으로 세계적으로 유명하다. 자연의 힘을 이용한 '바이오 다이나믹Bio Dynamic 제법'으로 차의 재배에 필요한 물과 비료도 자연에 가까운 것을 추구하고 있다. 셀림봉 다원의 유기농 홍차는 특유의 순하고 부드러운 맛과 향을 가지고 있다. 퍼스트 플러시는 수색이 맑고 밝으며 신선하고 상쾌한 향이 나며 특히 회감(뒷맛)이 좋아 인기를 얻고 있다.

오카이티 다원Okayti Tea Estate

다르질링 지방 서쪽, 미릭 밸리Mirik Valley에 위치한 오카이티 다원은 1888년에 영국인에 의해 설립되었다. 다원은 표고 1,300~2,000m의 산간 지역에 펼쳐져 있으며 매년 양질의 차를 안정적으로 생산하는 다원이다. 푸릇푸릇한 새 싹이 많이 들어 있는 퍼스트 플러시는 수색이 엷은 호박색으로 맑고 밝으며, 섬세하고 신선한 꽃향기와 더불어 오카이티 특유의 시원, 상쾌한 맛을 가지고 있다. 세컨드 플러시는 좀 더 농염하고 깊은 맛이 나는데 진한 머스캣의 상큼한 향과 약간의 떫은맛(깊은 맛)이 나며 뒷맛이 달다(회감이 좋다). 언제나 마셔도 좋은 차 'Okay Tea'에서 다원명이 유래된 만큼 최고의 기술을 자랑하고 있으며 1959년 품평회에서 영국의 엘리자베스 여왕이 오카이티 다원의 차를 극찬하여 직접 다원에 편지를 보냈다는 에피소드가 전해진다.

아르야 다원Arya Tea Estate

다르질링 지방의 북쪽, 동다르질링Darjeeling East Valley에 위치한 아르야 다원은 표고 900~1,800m에 걸쳐 위치해 있다. 1885년에 설립되어 현재 유라시아 그룹Eurasia Group이 운영하고 있는 이 다원은 근대적인 설비와 자연 재배에 주력하여 인도 정부와 스위스 환경 단체로부터 유기농 인정을 받았다. 아르야 다원에서 생산되는 차는 타 다원의 다르질링에서는 느낄 수 없는 장미와 같은 달콤하고 부드러운 독특한 향기가 있다. 적당한 떫은 맛과 잘 익은 단맛이 느껴지는 부드러운 풍미는 아르야 다르질링만의 특징이다. 홍차 외에도 백차, 녹차, 오룡차를 생산하고 있다. 다원명 '아르야Arya'는 '신성한 물고기'라는 의미가 있으며 힌두어로 '존경'이라는 의미도 있다.

리시핫 다원Risheehat Tea Estate

신성한 곳, 신성한 장소라는 뜻을 가진 리시핫 다원은 1863년에 설립되었다. 이 다원은 다르질링의 서쪽, 동다르질링Darjeeling East Valley에 위치하고 있으며, 표고 약 1,000~2,000m의 경사면에 걸쳐 펼쳐져 있다. 특히 동쪽 사면은 일조시간이 길어 타 다원에 비해 가장 빨리 질 좋은 차를 생산할 수 있다. 이 다원은 엄격한 차 생산, 철저한 위생관리를 기조로 하여 차를 생산하고 있으며 찻잎을 딸 때에도 상처 있는 찻잎과 부스러기 등은 버리고 1창2기一槍二旗의 찻잎만을 선별하여 제다하는 것으로 인기가 있다. 리시핫 다원의 차는 신선하고 상쾌한 향과 수렴성 있는 떫은 맛을 가지고 있는 것이 특징이다. 다원명인 '리시Rishee'는 힌두어로 '성자', '핫Hat'은 '장소'를 의미하는데, 옛날에 성자들이 많이 살았던 곳이었기 때문에 이러한 이름이 붙여졌다고 한다.

마카이바리 다원Makaibari Tea Estate

마카이바리 다원은 다르질링 지역의 남동쪽, 남쿠르세옹Kurseong South Valley에 위치하고 있다. 1840년대 영국인이 설립하였으나 1859년에 인도인 라자 배너지Raja Banerjee에게 양도되어 현재 4대째 운영되고 있다. 다르질링 지방의 다원 중에서 유일하게 인도인이 소유하고 있는 다원이다. 마카이바리 다원은 다르질링에서 유기농 차 밭을 최초로 경작한 다원으로 30년 전부터 농약이나 제초제, 화학비료 등을 쓰지 않고 바이오 다이나믹Bio Dynamic 제법으로 차를 생산해 오고 있다. 이 다원에서는 가을에 수확이 끝나면 이듬해 봄까지 다원을 쉬게 하고 토양을 관리한다. 그때문에 다음 해 최초로 수확된 퍼스트 플러시는 상쾌한 풍미와 향을 지녀 마카이바리 다원을 세계적으로 알려지게 했다. 세컨드 플러시는 머스캣 향과 풍부하고 중후한 느낌의 맛이 나며 오텀널 다르질링은 세컨드 플러시보다 수색이 조금 연하고 맛과 향이 비교적 순하다. 유기농 홍차와 녹차를 한정 수량만 생산하고 있으며, 특히 백차가 유명하다. 관광객을 위한 숙소와 햄스테드 차Hampstead Tea라는 브랜드로 영국에 수출하고 있다.

슝마 다원Sungma Tea Estate

1800년대 중반(1863~1868)에 영국 플랜터에 의해서 개발되었으며 현재는 Jayshree Tea Group 소유 다원이다. 원래는 슝마Sungma와 툴숨Turzum이라는 두 개의 다원이었으나 지진으로 인해 슝마 다원의 공장이 소실되자 툴숨 다원의 공장에서 제다공정을 이루다 하나의 다원으로 합쳐지게 되었다. 슝마는 퍼스트와 세컨드 플러시가 가장 뛰어난 다원이며 품종은 대부분 차이나 하이브리드China Hybrid종과 약 10%의 클로널 타입으로 이루어져 있다. 다원명 '슝마Sungma'는 원래는 티베트어이며, 버섯이 야생으로 많이 자라는 곳이라는 뜻의 '상가 마루Sanga-Maru'에서 유래되었고, 마을 시장'Taru-Zum'이란 의미를 가지고 있는 '툴숨Turzum'다원이 슝마다원의 이름에 흡수되었다.

싱불리 다원Singbulli Tea Estate

1924년 영국 플랜터에 의해서 설립된 싱블리 다원은 다르질링의 미릭 지역

Mirik Valley에 있다. 면적 474ha인 이 다원은 9개의 언덕을 끼고서 크게 4개의 구역으로 나누어서 차를 재배하고 있다. 다양한 해발고도의 영향으로 싱불리 다원만의 개성이 뛰어난 차를 생산한다. 이 다원의 차는 아주 뛰어난 무스카텔 향으로 유명하며 개성 있고 독특한 맛과 향을 가지고 있다.

마가렛 호프 다원Magaret's Hope Tea Estate

마가렛 호프 다원은 북쿠르세옹의 동남부 경사면 해발 1,000~2,000m에 위치한다. 다원의 고저 차이가 1,000m나 되는데 비교적 고도가 높은 곳에 차밭이 많다. 1830년에 영국인 존 테일리에 의해 작은 다원으로 시작하여 1862년 상업 다원으로 성장하였고, 현재는 구드리케Goodricke 그룹 소유의 다원이다. 차나무의 품종은 중국 교배종이 많으며 백차와 녹차, 홍차를 생산하고 있다. 홍차는 퍼스트 플러시와 세컨드 플러시가 유명하다. 최초 다원의 명칭은 바라링톤Bararington이었으나 영국인 소유주에 의해 개명되었다. 1927년에 한 영국인이 이 다원을 구입했는데 소유주의 딸 마가렛Magaret이 아버지

를 만나기 위하여 영국에서 인도로 찾아왔다. 그녀는 이 곳 차밭을 매우 좋아 하여 다시 돌아올 것을 약속하고 돌아갔지만 영국에 도착하지 못하고 사망하게 되자 아버지는 딸을 기리며 다원을 마가렛 호프Magaret's Hope로 개명하였다고 한다.

아삼Assam _

아삼Assam은 인도 북동부 아삼주 브라마푸트라강 유역에 위치하는 해발 800m 의 지대로 세계 최대의 차 생산지이다. 1823년 자생 야생차나무가 발견된 곳이 며, 1838년 영국에 의해 인도 최초의 다원개발이 성공하여 '대영제국의 차'가 시 작된 곳이기도 하다. 강렬한 햇볕에 의해 일조량이 많고, 몬순으로 인해 다량의 강우량과 큰 강이 있는 비옥한 토양의 평원지역으로 차를 생산하기에는 최적의 조건을 가지고 있다. 차는 3~11월까지 수확되나 퀄리티 시즌은 봄, 여름, 가을 로 나뉜다. 제다 방법은 대부분 CTC공법으로 이루어지나 품질이 좋은 시기에는 오서독스Orthodox 방법으로 아주 소량의 고급 통잎Whole Leaf 아삼차가 생산, 판 매되고 있다. 아삼 지역의 각 시즌의 차는 뚜렷하고 강한 맛의 차가 특징이며 약 간의 달콤한 향기와 은은한 몰트Molt향, 장미향을 느낄 수 있으며 맑고 강한 홍 색의 차색과 함께 조화로운 홍차의 맛을 느낄 수 있다. 개성이 뚜렷한 특유의 맛 이 강하지만 다른 홍차와도 잘 어울려 배합차Blended Tea의 기본으로 많이 이용 되고 있으며 스트레이트 티로 마셔도 좋다. 특히 아삼차는 우유와 잘 어울려 영 국 전통의 로얄 밀크티에 가장 잘 어울린다.

아삼의 티 Assam Tea

아삼 골드 플러시Assam Gold Flush Tea

아삼의 골드 플러시는 다르질링의 골드 플러시와는 다 르게 골든 팁이 많이 들어 있는 차이다. 수렴성이 뛰 어나며 붉고 영롱한 탕색을 가지고 있다. 맛은 캐러 멜처럼 부드러운 단맛 뒤에 쌉쌀한 단맛의 회감이 돌고 꽃향과 몰트향이 느껴진다. 골드 플러시는 양이 워낙 적기 때문에 만나기가 쉽지 않다.

시킴
아삼
다르질링
인도

로어아삼

구와하티

디브루가르
Dibrugarh

틴수키아
Tinsukia

노스뱅크

누말리거
Numaligarh

브라마푸트라

시브사가르
Shivsagar

어퍼아삼과
센트럴아삼

조르하트
Jorhat

골라카트
Golaghat

아삼 퍼스트 플러시Assam First Flush Tea

차나무의 성장이 거의 이루어지지 않는 추운 겨울이 지나고 막 새싹이 돋기 시작한 차나무로부터 찻잎을 따 생산한다. 2~3월에 생산되는 퍼스트 플러시First Flush는 아직 여린 찻잎으로 만들기 때문에 초록빛이 감돌고 신선한 맛과 향이 입안에서 오래도록 지속되는 것이 특징이다.

티 블렌딩에도 많이 사용되며 탄닌Tannin 함량이 높아 기운을 북돋아 주어 아침에 마시는 브렉퍼스트 티Breakfast Tea로도 많이 생산되고 있다.

아삼 세컨드 플러시Assam Second Flush Tea

인도에서 생산되는 75% 이상의 홍차가 5월부터 이루어지는데 그 생산량의 75%가 세컨드 플러시Second Flush이다. 5월부터 생산되는 세컨드 플러시Second Flush는 아삼 홍차 중 몰트향이 강하고 풍부한 꽃향기가 함께 올라와 많은 대중적인 사랑를 받고 있다.

아삼 오텀널Assam Autumnal Tea

우기가 지난 다음 채취하는 차로써 찻잎이 조금 싱겁다. 가을 차Autumnal는 아삼 특유의 강렬하고 진한 몰트향보다는 연한 맛이 난다.

아삼의 다원들 Assam Tea Estates

1823년 로버트 브루스에 의해 신종 차나무가 발견되기 전까지는 정글이었던 아삼 지방은 현재 브라마푸트라강 유역의 평탄한 광야를 중심으로 크고 작은 수많은 다원이 대규모로 펼쳐져 있다.

해가림 나무Shadow Tree가 있는 아삼의 다원

두플래팅 다원Duflating Tea Estate

'두플래팅Duflating'은 '듀플래Dufla'부족이 개미집 '팅Ting'을 파내어 그곳에 차나무를 옮겨 심었다는 것에서 유래하였다. 대부분의 아삼 다원과는 달리 비교적 높은 고도에 위치해 있으며 태양빛을 듬뿍 받고 자라난 찻잎으로 약간의 떫은맛과 깊은 맛이 강하게 나는 차를 생산하고 있다. 차나무 품종은 아삼 크로날종이며, 거의 모든 홍차는 CTC로 생산하고, 생산량의 3~4%에 불과한 통잎Whole Leaf 타입만 오서독스Orthodox로 제다한다. 통잎Whole Leaf 타입은 채엽에서 부터 우수한 가공, 엄격한 분류를 거쳐 고품질의 차가 생산되어 지고 있다. 이 다원의 홍차는 골든 팁을 풍부하게 함유하고 있어 달콤한 향기와 함께 아삼다운 강하고 깊은 맛을 동시에 느낄 수 있으며 우유를 첨가하면 맛이 더 깊어지고 부드러워진다. 또한 풍부한 꽃향기와 몰트향이 올라오는 세컨드 플러시Second Flush는 홍차 매니아들 사이에서 인기가 좋다.

라마누가 다원Ramanugger Tea Estate

다원의 명칭인 '라마누가Ramanugger'는 '신'의 이름인 '라마Rama'와 '대지'를 의미하는 '누가Nugger'를 합쳐 '신의 대지'라는 의미를 가지고 있다. 라마누가 다원은 아삼 다원들 중에서도 남쪽에 위치하며, 표고 150~180m의 완만한 언덕 사면에 있다. 이 곳은 40년 전에 설립된 다원으로 역사가 비교적 짧은 신생 다원으로 재배되고 있는

레몬그라스 _ 차밭 주위에 레몬그라스를 심어
병충해를 예방하고 있다

차나무의 수령도 다른 다원에 비해 어린 편이지만 유기농다원으로 유명하다. 라마누가 다원의 홍차는 달콤하고 강한 향기 속에 어린 찻잎의 신선한 향기가 느껴진다. 수색은 밝은 홍색으로 맑으며 맛은 깔끔하고 떫지 않으면서도 깊은 맛이 있다. 스트레이트 티, 밀크티 모두 맛있게 즐길 수 있다.

할무티 다원Harmutty Tea Estate

할무티 다원은 미리 힐즈Miri Hills의 산기슭, 표고 375m의 비교적 높은 지대에 위치한 오래된 다원이다. 다원의 주변은 보골리 자연 보호지역Bogoli Reserve Forest과 디크롱Dikron 강이 있어 아름다운 경치를 볼 수 있다. 이곳에서 생산되는 차는 달콤한 향기와 아삼 특유의 단맛과 떫은맛의 균형이 잘 잡혀 있다. CTC제법의 홍차가 대부분이나 극소량은 오서독스Orthodox 제법으로 만들어지고 있다. 할무티 다원의 오서독스 홍차는 탕색이 맑고 달콤한 몰트향과 함께 싱그러운 꽃향기도 느낄 수 있기 때문에 밀크티보다 스트레이트 티로 즐기는 것을 권한다. 우유를 넣으면 아삼다운 떫은맛이 적어지고 훨씬 부드러워 지지만 순수한 차의 맛이 엷어지게 되는 섬세한 성질의 홍차이다.

딕삼 다원Diksam Tea Estate

딕삼 다원은 아삼 지방의 디브루가Dibrugarh 지구, 표고 225m에 위치하고 있으며 품질이 좋은 차를 생산하는 다원으로 알려져 있다. 이 다원에서 생산되는 홍차는 찻잎의 외관과 탕색이 매우 아름다워 영국을 비롯한 유럽 여러 나라들에서 인기가 있다. 딕삼 다원에서는 오서독스Orthodox 제법과 CTC제법 두 가지를 운영해 차를 생산하고 있다. 통잎Whole Leaf 타입의 홍차는 수색이 밝은 홍색에 아름답고, 깊고 농후한 맛과 달콤한 몰트향을 가

브라마푸트라 강(짱뽀-브라마푸트라로 불리기도 한다)은 티베트에서 발원하며 인도까지 흐르는 강이다.
이 강은 여러 나라의 국경을 통과하며, 아시아의 큰 강들 중 하나이기도 하다.

지고 있어 인기가 있다. 특히 세컨드 플러시나 오텀널은 떫은맛이 적고 부드러운 풍미로 스트레이트 티나 밀크티 모두에 어울린다. 그러나 CTC 타입은 떫은맛이 강한 아삼다운 맛이 나기 때문에 밀크티에 잘 어울린다. 다원의 명칭은 다원 주변의 '딕삼Diksam'강에서 유래하였다.

디콤 다원Dikom Tea Estate

디콤 다원은 아삼 지방의 디브루가Dibrugarh 지구, 표고 135m의 비교적 낮은 평야에 위치해 있다. 차나무 품종은 60%가 클로널 종이며, 차나무 품질 개선에 주력하여 연간 1,200톤 이상의 차를 생산하고 있다. 주로 CTC 타입으로 만들어져 대부분 수출용으로 소진되며 소량의 오서독스Orthodox 타입도 생산하고 있다. 디콤 다원의 차는 골든 팁을 많이 함유하고 있어 달콤한 꽃향기와 아삼다운 단맛과 적당히 떫은맛의 균형이 잡혀 있는 가볍고 깔끔한 맛이 특징이다. 이 차는 우려냈을 때의 수색이 아름답고 몰트 향이 느껴지기 때문에 밀크티보다 스트레이트 티로 마시는 것이 좋다. 특히 세컨드 플러시나 오텀널은 적당한 떫은맛이 있어 인기가 있다. 다원의 명칭 '디콤Dikom'은 '물'을 의미하며, 옛날 이 땅을 지배했던 왕이 이 곳의 물이 맛있다고 칭송한 데서 유래되었다고 한다.

도예담 다원Dhoedaam Tea Estate

도예담 다원은 인도 아삼주의 틴수키아Tinsukia 지구에 위치해 있으며 식민지 시절부터 수준 높은 아삼티를 생산하여 영국으로 수출하고 있다. 이 다원의 홍차는 캐러멜 향이 짙고 맛이 풍부하고 강하여 스트레이트 티로 마시는 것 보다 밀크티로 마시는 것이 좋다. 우유를 첨가하면 강한 맛과는 달리 숨겨져 있던 맛이 표현되면서 고소한 밀크티로 변신한다. 즉 부드럽고 쓴맛이 도드라지지 않고 바디감이 좋고 신선한 느낌이 드는 차가 된다. 2010년에 퍼스트 플러시First Flush를 일본에 수출하면서 한국에도 알려지게 되었다.

만가람 다원Mangalam Tea Estate

만가람 다원은 아삼주 동부지구의 남쪽에 인접해 있으며 광대한 구릉지에 위치하고 있다. 1973년에 품질이 매우 우수한 아삼 우량종자로 바꾸어 심었으며 일하기 편한 작업 환경을 구비하여 홍차를 생산하고 있다. 콜카타 옥션에서 매년 최고 가격으로 낙찰되는 경우가 많으며, 특히 독일에서 인기가 높아 대부분의 생산품은 독일로 수출하고 있다. 만가람 다원의 차는 풍부하고 묵직한 맛의 차를 생산해 맛과 향이 깊다. 다원의 명칭 '만가람Mangalam'은 산스크리트어로 '길조吉兆'라는 의미다. 즉 좋은 일이 있을 징조라는 의미로 '맛있는 차'를 표현한 것이기도 하다.

리쉬티 세프다원Rishitea Sewpur Tea Estate

리쉬티 세프다원은 19C 초 스코틀랜드 출신의 탐험가 로버트 브루스가 처음으로 아삼종 홍차를 발견했던 곳에서 가까운 아삼의 종가 지역에 위치해 있다. 세프다원은 유기농과 공정무역 인정을 받은 다원으로 일하는 고용자들을 위해 학교, 레크레이션, 집 등의 복지시설에 힘쓰는 것으로 유명하다. 대부분 CTC 방식이어서 진한 탕색과 강한 몰트향이 감도는 아삼 CTC를 만들고 있다. 진한 맥아향과 풍부한 바디감이 매력적이다.

차나무의 모종
차나무의 모종을 만드는 과정

닐기리Nilgiri

닐기리는 타밀어로 푸른산이라는 의미로 남인도 다밀나두주 케랄라부근 고츠산맥의 평균 해발고도 1,600m의 고원지대를 지칭한다. 1854년 소규모 농장에서 닐기리 최초의 차가 생산되었으며, 대규모의 다원이 설립되기까지는 5년의 시간이 더 걸렸다. 위치적으로 스리랑카와 가까워 기후가 비슷하기 때문에 생산되는 차는 실론티와 유사하다. 12~1월이 퀄리티 시즌으로 고품질의 겨울 차Winter Tea를 생산하며, 7~8월은 다량의 차를 수확하는 베스트 시즌Best Season이다. 수색은 밝은 홍색에 떫은 맛이 적고 맛이 깔끔한 것이 특징이다. 다르질링이나 아삼과 비교하면 개성이 뚜렷하지는 않지만 스트레이트 티Stright Tea나 배합차Blended Tea, 아이스 티Ice Tea 등 다양한 차Variation Tea로 이용되며 특히 레몬과 잘 어울린다. 차는 BOP 등급이 주로 생산되며 소량의 고급 차(OP 등급)와 CTC도 생산하고 있다.

시킴Sikkim

시킴은 네팔과 부탄 사이, 다르질링의 바로 윗쪽 히말라야 자락에 위치하고 있다. 오랫동안 시킴 왕국을 유지하다 1975년 인도로 통합된 곳이며 토지의 40%가 숲인 곳이다. 고도에 따라 고산기후부터 열대기후까지 다양하며 식물과 곤충의 종류가 많아 생물의 보고라고 불린다. 주 산업은 쌀과 수수, 차Tea이지만 인도에서 많이 소비되는 카르다몸을 재배해 다른 지역으로 수출하므로 경제적으로 여유가 있는 곳이다. 시킴의 기후와 토양이 다르질링과 비슷하여 이 곳에서 생산되는 차의 맛과 향은 다르질링과 유사하다. 고산 지대인 시킴에서는 추위를 이기는 한 방법으로 차에 야크Yak버터를 넣어 마심으로 에너지를 보충하고 신진대사를 높인다.

테미 다원Temi Tea Estate

시킴에서 유일한 다원인 테미 다원Temi Tea Estate은 1960년대에 마지막 시킴 왕의 통치하에서 시킴 정부에 의해 설립된 곳이다. 인도에서 뿐만 아니라 세계에서 가장 훌륭한 차를 가장 저렴한 가격에 맛볼 수 있는 곳이기도 하다. 테미 다원에서는 찻잎에 야크 버터와 소금을 넣어 만든 '야크 버트 차', 캐러멜과 버터 맛이 나는 호박색의 '짜이'를 맛볼 수 있으며 또한 저렴한 가격으로 100% 천연 유기농 오서독스 홍차를 구입할 수 있다.

테미 다원Temi Tea Estate

캉그라Kangra

캉그라 밸리에서는 다르질링과 비슷한 시기에 차나무를 재배하였
다. 초창기 시절에는 기계가 거의 필요치 않은 녹차는 원주
민들이 생산하고, 시설이 필요한 홍차는 이주 정착민들
이 주로 생산하였다. 오늘날에는 85% 이상 홍차를 생
산하고 녹차는 소량 생산하고 있지만 캉그라의 녹차는
질이 좋기로 유명하다. 캉그라의 차나무 재배구역지에
는 대를 이어가며 운영되는 비교적 규모가 작은 다원들
이 있는데, 규모가 작기 때문에 차나무와 찻잎의 재배는
유기 농법을 하고 있으며 생산방식도 오서독스Orthodox 방
식을 유지하고 있다. 차나무 품종은 대부분 중국에서 유래한 품종이
며 차나무들이 오랜 시간에 걸쳐 성장해 왔기 때문에 캉그라만의 독특한 맛이 있
다. 그로 인해 캉그라 티에는 다르질링 티와 같이 지리적 표시제가 시행되고 있다.

캉그라Kangra 다원

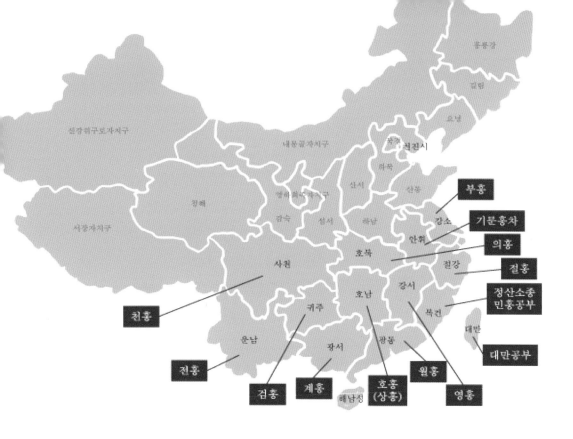

차의 발원지 중국China의 홍차

홍
차
학
개
론

차의 발원지라 불리는 중국은 유럽에서 차가 음용되기 시작한 16C 말에서
17C 초에 복건성 무이산에서 발효차를 만들었다. 발효차가 발전하는 과정에
서 소종홍차가 탄생하였으며, 특히 영국인들의 입맛에 맞아 수출이 활발하게
이루어졌다. 무이산 동목관의 소종홍차는 민북의 공부홍차를 탄생하게 하는
초석이 되어 동목촌에서 가까운 탄양, 백림, 정화 등지에서도 소종차의 제다
법으로 차를 생산하면서 공부홍차가 만들어지게 되었다. 청나라의 건립 이후
에는 차가 생산되는 모든 지역에서 홍차를 생산하게 되었고 소종차의 제다법
으로 점점 더 많은 공부홍차가 만들어지면서 중국의 특산품으로 수출되었다.
특히 영국으로 많은 홍차가 수출되었는데 과도한 홍차 수입으로 은화가 고

갈된 영국이 아편전쟁을 일으키게 하는 원인이 되었다. 그러면서 영국은 한편으로는 인도에서 홍차를 생산토록 하였다. 홍차가 인도에서 대량으로 생산되자 중국의 홍차 수출은 점점 감소하게 되었고 주요 차 생산지 소비량은 줄어들게 되었다. 청·일 전쟁으로 복건성과 안휘성에서 홍차를 만들지 못하게 되자 1938년 운남성에서 전홍을 개발하여 1939년 홍콩 등으로 수출하였으나 영국의 식민지였던 인도에서 대량의 홍차가 생산되고, 스리랑카에서도 홍차를 생산할 수 있게 되자 중국의 홍차 수출은 어려움을 겪게 되었다. 그리하여 중국은 2005년에 새로운 차 상품, '금준미'를 개발·생산 하였다. 중국은 기문홍차와 더불어 최고급 정산소종인 금준미를 생산함으로써 다시 한번 중국의 홍차를 세계적으로 알리고 있다.

소종홍차小種紅茶, 正山小種, Lapsang Souchomg

정산소종은 숭안현 무이산 지역의 성촌향星村鄕 혹은 동목관 일대에서 생산되기 때문에 성촌소종星村小種 또는 동목관소종桐木關小種이라고도 부른다. 정산이란 고산지구란 뜻으로 700~1,500m의 높은 고산지구(무이산)에서 생산된 정통의 차를 의미한다. 현재 정산소종과 연소종으로 나누고 지역도 정산과 외산으로 구분된다. 정산은 숭안현 성촌향 동목관 일대를 말하며 외산은 복건성 정화, 탄양, 복정, 고전 등을 가리킨다. 정산소종은 일 년에 봄과 여름 두 계절에만 찻잎을 딴다. 춘차는 입하 때 채엽 하며 일정하게 성숙한 1아 2엽 또는 1아 3엽이 가장 좋다.

정통 제다법은 채다 → 위조 → 유념 → 발효 → 과홍과 → 복유 → 훈배 → 선별 → 복화 등 8가지 과정을 거친다.

정산소종을 만드는 동목촌의 3층 목조건물

외산소종은 정산소종을 모방하여 만들었다 하여 '인공소종'또는 '가소종'이라고도 한다. 품질이 낮은 공부홍차를 마지막 건조할 때 훈배하여 만든 것도 있는데 이것을 '연소종'이라고 한다. 복건성 무이산 바깥 지역인 정화, 탄량, 복령, 병남, 고전, 사현과 강서성의 강신, 연산 일대에서 생산된다. 정산소종의 외형은 굵고 튼실하고 단단하며 솜털이 없고 정갈하고 균일하다. 마른 찻잎의 색은 검은색에 광택이 있고 윤기가 있다. 탕색은 진한 붉은색이 맑고 밝다. 향기는 그윽하고 짙은 향기에 송연향과 용안향이 나며 맛은 순수하고 진하며 뒷맛이 달고 깔끔하다.

정산소종의 발원지

동목촌의 위치

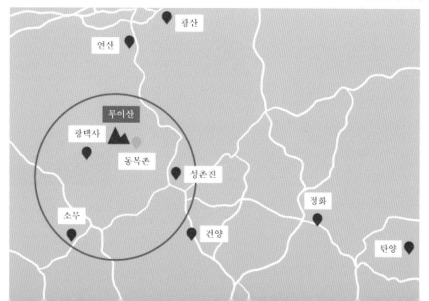

금준미金駿眉

정산소종 24대 강원훈이 개발한 홍차이다. 무이산 해발 1,200~1,800m 고산의 군체종 차나무의 싹만으로 만들어진 최고급 정산소종으로 2005년에 이 차를 특별히 '금준미金駿眉'라고 이름 붙였다. 양준덕, 강진발, 호결룡 등과 같이 개발해 2006년에 차 시장에 나오면서 급속도로 퍼져 나갔다. 금준미의 '금金'은 탕색이 황금색이며, '준駿'은 최고의 차를 의미하며, '미眉'는 건차의 형태가 눈썹같이 생겼다라는 함축된 의미를 지니고 있다. 금준미의 제다는 정산소종 가공 중에서 훈배 공정을 홍배로 대체한 것이 특징이다. 그러므로 송연향 대신 화향과 과일향, 벌꿀향이 난다. 금준미 한 근(500g)을 만들려면 6만에서 8만 개의 어린 찻잎이 필요하며 전 과정이 전통 수작업으로 이루어지는 정산소종 중에서 최고급 차이다. 1창 1기를 주원료로 하여 가공된 차는 '은준미銀駿眉'라 한다.

Tip - 동목촌의 금준미가 인기가 있자 다른 곳에서도 금준미를 만들고 있다. 동목촌 금준미는 고산에서 자라므로 튼실하며 빛이 나는데 비해 타 지역 금준미는 아주 어리고 여린잎에 황금색이 많다. 맛에서도 확연하게 차이가 나는데 동목촌 금준미는 시원 상쾌하며 부드러운 단맛이 나며 회감이 아주 은은하다. 반면 타 지역 금준미는 화향과 과일향이 훨씬 많이 나면서 맛은 좋으나 시원 상쾌한 맛은 부족하다.

일반 금준미 건차

동목촌 금준미 건차와 차탕

금준미의 외형은 금호가 뚜렷하고 튼실하며 마른 찻잎의 색은 검은색에 윤기가 있다. 탕색은 약간 오렌지빛이 도는 붉은색으로 맑고 밝다. 향기는 그윽한 화향이 나며 과일향과 벌꿀향이 난다. 맛은 시원 상쾌하며 진하고 부드러우며 뒷맛이 달다. 우린 잎은 홍갈색이며 튼실하고 균정하다.

공부홍차工夫紅茶

공부홍차는 복건성 무이산에서 소종차의 제다법을 이어받아 19C 전반기에 만들어지기 시작한 발효차이다. 제다과정이 섬세하고 정교하여 시간과 정성이 들어간 중국의 전통 제다방법으로 만들어진 차를 말한다. 공부홍차는 중국의 특산품으로 종류도 많고 산지와 분포도 광범위하다. 대엽종 품종의 대표적인 차는 운남 전홍공부, 복건성 정화공부, 백림공부이며, 운남과 복건성을 제외한 다른 곳에서는 중·소엽종 또는 소엽종으로 생산한다. 공부홍차는 생산지에 따라 기홍祁紅, 전홍滇紅, 민홍閩紅, 의홍宜紅, 월홍越紅, 절홍浙紅, 천홍川紅, 영홍寧紅, 호홍湖紅(상홍湘紅) 등으로 나뉘는데 유명한 공부홍차는 다음과 같다.

기문 공부홍차基門 工夫紅茶

기문 공부홍차는 간략하게 '기홍祁紅'이라 불리며 안휘성 황산 서남의 기문현이 생산지다. 기문현은 원래 녹차 생산을 주로 하고 소량의 홍차를 생산했는데 이때의 홍차는 정화 공부홍차를 따라가지 못하였다. 그러나 1875년에 이현 사람 여간신余干臣에 의해 지금의 기문 공부홍차가 탄생하게 되었고, 호원룡胡元龍의 노력으로 지금의 기문 공부홍차로 발전되어 완성되었다. 기문현은 기후가 따뜻하고 강수량이 충분하고 일조가 적당할 뿐 아니라 토층이 깊고 두꺼운 홍황토층이라 내포된 수용성 물질이 풍부하다. 차

안휘성 황산 서남의 기문현 차밭

나무의 주요 품종은 유성계 군체종인 기문 저엽종祁門 楮葉種으로 생엽이 부드럽고 여리며 내함 물질이 풍부해 효소 활성이 높아져 공부홍차 만들기에 적합하다. 기문홍차의 뛰어난 향미는 세계적으로 인정을 받아 국제 차계로부터 '기문향祁門香'이라는 칭호를 받았다. 기문홍차는 1915년 파나마 만국박람회에서 금상, 1987년에는 세계 우수 품질 식품박람회에서 금상, 1992년 홍콩 식품박람회에서 금상을 받는 등 화려한 수상 경력을 자랑한다. 1982년 등소평은 중국을 방문한 영국의 마가렛 대처 수상에게 기문 홍차를 대접했으며, 1990년 강택민이 소련을 방문했을 때도 기문홍차를 선물했다고 한다. 이러한 기문홍차는 인도의 다르질링 홍차, 스리랑카의 우바 홍차와 함께 세계 3대 홍차 중 하나로 손꼽힌다. 고급 기문 공부홍차는 1창 1기 또는 1창 2기로 가공되며 외형은 가늘고 긴밀하게 말려 있고 균일하며 마른 찻잎의 색은 검고 윤기가 있다. 탕색은 투명한 등홍

기문홍차의 건차와 차탕

색으로 맑고 밝다. 향기는 높고 신선하며 과일향과 난초향 또는 약간의 훈연향이 나는 것이 특징인데 이를 '기문향'이라 한다. 향기가 높고 오래 지속된다. 맛은 신선하고 진하면서 부드럽고 단맛이 많이 느껴진다.

운남 공부홍차雲南工夫紅茶

운남홍차는 중국 운남성 남부와 서남부의 임창, 보산, 봉경, 서쌍판납 등지에서 주로 생산된다. 운남의 약칭이 전滇이라 간단히 전홍滇紅이라 부른다. 운남은 해발고도가 1,000m이상이며 연평균 기온이 18~22℃이고 강우량은 1,200~1,700mm이다. 청·일 전쟁으로 복건성과 안휘성에서 차 생산을 하지 못하게 되자 홍차의 수출길이 막혔다. 이에 수출회복을 위해 1938년 유명한 차 전문가 풍소구(馮紹裘, 1900~1987) 선생에 의해 전홍 공부홍차가 탄생하게 되었다. 새롭게 탄생한 전홍 공부홍차는 영국 런던에서 다르질링, 기문 공부홍차와 같은 등급으로 평가 되었을 정도로 품질을 높이 인정받았다. 1958년 전홍 공부홍차는 중국 외교의 예품차로 지정되었고, 1986년에는 운남성 성장이 중국을 방문한 영국 엘리자베스 2세 여왕에게 금아전홍을 선물하였다. 운남 공부홍차는 현재 운남의 대표적인 수출 상품으로 자리 잡고 있다.

특급 금사전홍特級 金絲塡紅 _

대엽종 차수에서 잎맥과 주변이 튼실하고 노란 금호로 덮여 있는 어린 싹(金芽)만을 골라 만든 특급 전홍을 금사전홍金絲塡紅이라 한다. 금사전홍은 운남성의 경곡 해발 1,700m 이상 되는 고산 청정지대에서 생산된 홍차이다. 특히 금사전홍 중에서도 어린 싹만 골라 100% 노란 금호만으로 만든 특별한 홍차를 '금사여왕'이라고 부른다. 1986년 영국의 엘리자베스 2세 여왕이 운남을 방문 했을 때 그녀에게 최고급 전홍을 선물한 것을 기념으로 그 해에 생산된 최고의 전홍을 '금사왕' 혹은 '금사여왕'으로 부르기 시작하였다고 한다. 전홍의 외형은 싹과 잎이 도톰하고 튼실하며 새끼처럼 꼬여 있다. 마른 찻잎은 검고 윤기가 있고 금호가 있는 것이 특징이다. 탕색은 밝은 홍색을 띠며 광채가 있다. 향기는 여린 향이 나고 진하며 그윽한 향이 오래 지속되고 꽃향기가 느껴진다. 맛은 신선하고 깔끔한 맛이 입안에서 상쾌감을 주며 진한 맛과 함께 약간의 자극성이 있다.

* 전홍의 등급

1. 전홍금침 - 금사전홍을 바늘 모양으로 곧게 펴 놓은 것으로 가장 높은 등급이다.
2. 금사전홍 - 대엽종 차수에서 노란 금호로 덮여 있는 어린 싹만 골라서 만든 특급전홍으로 '금사왕' 또는 '금사여왕'이라 부른다.
3. 1급 전홍 - 잎과 싹이 함께 있는 가장 일반적인 홍차이다.
4. 전홍 쇄차 - CTC 공법으로 만든 차로 전홍 중에서는 가장 낮은 등급이다.

정화 공부홍차政和 工夫紅茶

금모후(金毛猴)건차와 차탕

정화 공부홍차는 복건성 정화현에서 생산되는 차이며 정화라는 명칭은 휘종(1100~1125) 황제연호가 정화년이었을 때 붙여진 명칭으로 복건성 홍차 중에 고산차 품질특징을 가장 많이 가지고 있는 가지형태의 차이다. 200여 년의 생산역사를 가지고 있을 만큼 정화공부가 장기간 우량한 품질을 가질 수 있었던 것은 정화 대백종을 원료로 했기 때문이다. 1아 1엽 또는 1아 2엽의 선엽을 원료로, 위조→유념→산화→건조 등 조형홍차 제다과정을 거쳐 만들어진다. 정화 공부홍차는 정화 대백차 품종의 짙고 상쾌한 맛과 탕색의 홍염한 장점과 소엽종의 짙고 그윽한 꽃향을 첨가한 것이 특징이다. 최근에는 금준미급의 최고 상품인 '금모후金毛猴'라는 홍차를 생산하고 있다. 정화 공부홍차는 외형이 튼실하며 긴밀하고 호가 많다. 마른 찻잎의 색은 검고 윤기가 있다. 탕색은 붉은색에 맑고 밝다. 향기는 그윽하고 순하며 꽃향기가 난다. 맛은 진하고 부드러우며 단맛이 난다.

구곡홍매 공부홍차九曲紅梅 工夫紅茶

구곡홍매의 생산지는 절강성 항주시 서호구 주포진 일대로 호부대오산湖埠大塢山에서 생산되는 구곡홍매九曲紅梅가 상품上品으로 인정받고 있다.

이 곳은 서호 풍경구와 인접해 있고 사방이 산으로 둘러싸여 있으며 산 위에는 운무가 감돌고 안개가 오랫동안 끼어 있고 강수량도 많다. 토양은 모래 기질의 토질이며 차나무가 좋아하는 약산성 토양이라 명차가 생산되기에 좋은 환경 조건을 두루 갖추고 있다. 구곡홍매가 만들어지기 시작한 역사는 약 200여 년 정도이다. 태평천국(1850~1864) 시기에 복건성의 난민들이 절강성 북쪽으로 이주하였다. 이후 숨어 살던 차농들이 고향을 기념하기 위해 홍차를 만들기 시작한 것이 구곡홍매의 시작이다. 이렇게 만들어진 홍차는 품질이 매우 뛰어나 상해와 항주의 차상인들 눈에 띄었고 항주 차 박람회 금상을 시작으로 1915년 미

구곡홍매 건차

국 파나마 만국박람회에서는 기문홍차를 제치고 대상을 차지하였으며, 1926년 미국 필라델피아 세계박람회에서 대상, 1929년 항주 1회 서호박람회에서 특등상을 수상하였다. 이렇게 유명했던 구곡홍매도 청·일전쟁으로 한동안 명맥이 끊어졌다가 2000년대에 들어서 다시 활발하게 생산되고 있다. 2004년 몽정산배 국제 명차대회에서 금상, 2008년 중국 박물관상, 2009년에는 제다기술상도 받으면서 예전의 명성을 날리고 있다.

구곡홍매의 채엽 시기는 곡우 전이며 찻잎은 1아 2엽의 소엽종이며, 채엽 → 위조 → 유념 → 산화 → 홍배 → 건조 순으로 제다한다. 구곡홍매의 외형은 갈고리처럼 구불구불하고 가늘고 길며 마른 찻잎은 까맣고 윤기가 있다. 탕색은 선명한 홍색이며 맑고 밝다. 향기는 그윽하면서 높고 오래 지속된다. 맛은 농후하지만 신선하고 상쾌하다.

일월담 홍차日月潭 紅茶

일월담 홍차는 대만의 남투현南投縣 포리진 및 어지향漁池鄉 일대에서 생산되는데 산지가 일월담日月潭 부근에 있다하여 붙여진 이름이다. 이 곳의 홍차는 원래 대만의 중·소엽종의 찻잎으로 만들었으나 향기가 높지 않자 1925년에 인도에서 들여온 아삼 대엽종으로 만들기 시작하면서 품질이 좋아져 인도와 스리랑카의 고급 홍차와 비교해도 손색이 없게 되었다. 통계에 의하면 1930년대 일월담 홍차를 위주로 한 대만홍차들의 수출량은 6400여 톤에 달하여 오룡차와 포종차보다 더 많았다고 한다. 주요 품종은 인도 아삼 대엽종의 단주를 선발하여 육종한 대차 8호와 버마 대엽종과 대만 야생 차나무를 교배·육종한 대차 18호, 기

대차18호로 만든 홍옥 건차

홍운을 만드는 대차 21호 차나무

일월담 다원

문 차종과 아삼 대엽종류를 교배·육종한 대차 21호 등이 있다. 대차 8호는 '아살모阿薩姆'라 불리며 장미향과 맥아향이 나고, 대차18호는 '홍옥紅玉'이라 불리며 천년 육계향과 박하향이 나며, 대차 21호는 '홍운紅韻'이라 불리며 귤꽃향과 벌꿀향이 난다. 일월담 홍차의 외형은 가지형태로 긴밀하고 튼실하다. 마른 찻잎은 검은색에 윤기가 있으며 탕색은 등홍색으로 맑고 밝다. 향기는 단향이 짙고 화향과 과일향, 캐러멜향이 나고 맛은 농후하면서도 신선하고 단맛이 있다.

스리랑카Srilanka - 인도의 눈물

실론 티의 고향인 스리랑카는 섬의 모양 때문에 '인도의 눈물'이라는 별칭을 가지고 있다. 영국 식민지시절 실론Ceylon이라고 불리었으며 1500년경부터 거의 150년간씩 450년간 포르투갈, 네덜란드, 영국의 지배를 차례로 받아오다가 1948년에 영국으로부터 완전히 독립해 1972년에는 국명을 실론Ceylon에서 스리랑카 공화국으로 바꾸었다. 1800년대 초에는 커피 재배가 성행했으나 1870년경 커피나무가 모두 병충해로 죽자, 영국인들이 다원을 개발하여 세계적인 차산지가 되었다. 홍차는 스리랑카 섬 중앙 산맥에서 주로 재배되는데 산맥 중앙부의 누와라 엘리야, 동쪽의 우바, 서쪽의 딤블라, 북쪽의 캔디, 남쪽의 루후나 등이 유명한 차 재배지이다. 다원은 900~1,800m 고지의 동서 경사면에 위치하고 있으며 비교적 소규모의 농장이 발달되어 있다. 기후는 고온 다습한 아열대성 기후로 연중 27~28℃이며 연 강수량은 2,500mm이다. 일 년에 두 차례의 계절풍이 불기 때문에 일 년 내내 차를 생산할 수 있다. 북동 몬순 시기인 11~2월에는 중앙 산맥 북동부에 있는 우바는 우기가 시작되고 반대편인 남서부는

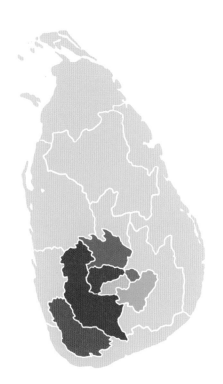

● 루후나
● 사바라 가무와
● 누와라 엘리야
● 딤블라
● 우바
● 캔디
● 우다 푸셀라와

누와라 엘리야에 있는 맥우드Mackwoods 다원

인도양에서 건조한 바람이 불어와 딤블라, 누와라 엘리야는 건기가 시작된다. 또 남서 몬순 시기인 6~9월에는 콜롬보에서 중앙산맥 남서부까지는 우기가 되고, 반대편 동부 우바는 건기인 퀄리티 시즌Quality Season이된다. 일 년에 두 차례의 몬순 시기에 따라 퀄리티 시즌이 달라진다. 스리랑카가 일 년 내내 차가 채엽되고 가공될 수 있는 이유이다.

스리랑카는 차나무가 재배되는 고도에 따라 하이 그로운High-Grown, 미드 그로운Mid-Grown, 로우 그로운Low-Grown의 세 지역으로 나눈다. 하이 그로운 지역(고지대)은 해발 1,200~1,800m로 기후가 서늘하며 중국종 차나무가 많다. 생산량은 총생산량의 25%이며 누와라 엘리야, 우바, 딤블라, 우다 푸셀라와 등이 이에 속한다. 탕색이 금빛을 띠며 섬세하고 강한 플레이버의 품질이 좋은 차다. 미드 그로운 지역(중지대)은 600~1,200m로 생산량은 약 15%이며 캔디가 이에 속한다. 우렸을 때 투명감이 있는 오렌지색의 탕색을 띠고 향기가 많으며 강한 상쾌감이 있는 떫은맛이 특징이다. 로우 그로운 지역(저지대)은 600m이하로 생산량은 약 60% 이상이

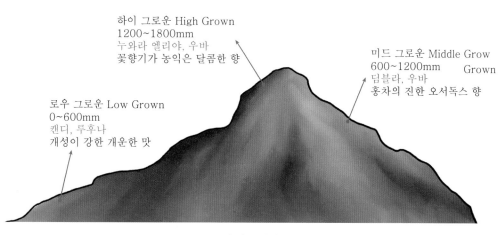

고도에 따른 차나무의 재배

다. 질이 좋고 맛과 향이 뛰어나지만 하이 그로운 티에 비해 플레이버가 덜 하므로 주로 블렌딩용으로 사용되며 루후나, 사바라 가무와가 이에 속한다. 스리랑카의 홍차 제다방법은 로트르반을 사용한 BOP 스타일이 대부분이나 오서독스Orthodox 제법으로 만드는 고급품도 늘고 있다.

차 생산 배경 _

스리랑카에서는 캔디에 있는 페라데니야Peradeniya 식물원과 누와라 엘리야에서 1824년에 중국으로부터, 1839년에는 아삼으로부터 차 씨앗을 수입하여 실험적으로 재배되었던 적도 있었다. 스리랑카에서 실제로 차 농업이 시작된 것은 1850년대이지만 그 당시에는 섬 전체에 커피 농업이 성행하던 때라 차 재배는 크게 환영받지 못하였다. 그러나 1869년에 기생충의 피해로 커피 작황이 실패하자 농장주들은 커피를 대신할 작물로 차에 관심을 갖게 되었다. 커피농장의 소유주였던 스코틀랜드 출신의 제임스 테일러 James Taylor가 1867년에 캔디 동남부 룰레콘데라Loolercondera 다원 2ha(약 23,000평)의 땅에 아삼차의 씨앗을 심어 연구하면서부터 스리랑카 홍차가 시작되었다. 그는 북인도에서 배워 온 제다 기술로 실론 최초의 홍차 제다에 성공하였다.

1872년 공장의 시설을 완비하여 본격적으로 차를 만들어 1873년에는 런던의 차 경매에서 높은 가격을 받았다. 고산지대에 위치한 캔디의 지리적 조건으로 품질 좋은 차를 생산할 수 있었고, 차츰 수요가 증가하자 캔디 뿐 아니라 해발 1,000~2,000m 이상의 지역과 저지대까지 다원을 확장하였다. 1971년까지 스리랑카 다원의 80%가 영국 기업에 의해 운영되었으나 1972년 독립 이후에는 정부가 새로운 토지 개혁법을 제정하여 지금은 개인이 운영하는 다원이 늘고 있는 추세이다. 현재 차는 스리랑카의 주요 농업 수출품이며 홍차 생산량은 세계 2위인데 그 중 94%를 수출하고 있다.

캔디에 있는 룰레콘델라Loolercondera 다원

스리랑카의 차 생산지

누와라 엘리야Nuwara Eliya

중앙산지 서남부에 위치한 누와라 엘리야는 '구름 위의 도시'라 불린다. 스리랑카 섬 내에서 가장 고도가 높은 하이 그로운 다원으로 차 재배가 해발 1,800m 이상에서 이루어진다. 사방 어디를 둘러봐도 온통 차밭이며 기후가 온난하고 경치가 좋아서, 영국군 및 귀족들의 휴양지로 이용되었으며 지금도 아름다운 경치로 인해 유럽인에게는 휴양지로 잘 알려져 있다. 연평균 기온은 13~15℃로 기후는 온화하나 한낮의 기온은 20~25℃이고 아침과 저녁은 5~14℃로 일교차가 크다. 그러므로 찻잎이 천천히 자라 달콤한 향미를 가진 누와라 엘리야만의 독특한 향미를 만들어 낸다. 1~3월 사이에는 건기를 맞아 양질의 차를 생산하는 퀄리티 시즌이 된다. 이때의 고품질 홍차는 다르질링 홍차와 닮아 '실론의 샴페인'이라고도 한다. 탕색이 투명하며 싱그러운 풀 향기와 화과향이 난다. 가벼운 상쾌감이 있고 깔끔한 맛이 나며 녹차를 연상시키는 떫은맛과 감칠맛이 있다. 스트레이트 티로 마시면 섬세한 아로마와 부드럽고 감미로운 맛을 즐길 수 있다. 오서독스Orthodox 제다법에 의한 BOP가 주류를 이루며 FOP는 거의 생산하지 않고 티백용 BOPF 등급이 있다. 유명 다원으로는 페드로Pedro, 마하가스토다Mahagastoda, 하이포리스트Highforest, 라부켈리Labookelie, 코트로지Courtlodge, 파크Park, 브룩사이드Brookside, 맥우드Mackwoods 등이 있다. 페드로 다원은 사랑하는 두 사람이 영원을 맹세하며 떨어졌다는 Lover's Leap 폭포 옆에 있어 Lover's Leap다원이라고도 불린다.

우바Uva

우바 홍차는 다르질링 기문과 더불어 세계 3대 명차 중 하나이다. 우바는 지명의 유래가 '험준한 산맥과 골짜기에 부는 바람 소리'에서 나왔을 정도로 높은

NUWARA ELIYA
Delicately fragrant

UDA PUSSELLAWA
Exquisitely tangy

DIMBULA
Refreshingly mellow

UVA
Exotically aromatic

KANDY
Intensely fullbodied

RUHUNA
Distinctively unique

CEYLON TEA
TASTE THE DIFFERENCE

우바에 있는 담바텐Dambatenne 다원

고지대에 위치하고 있으며, 스리랑카 중부 산악지대의 동쪽 해발 900~1,500m
의 고지대에 위치한 우바의 14개 지역 다원에서 생산된다. 우바 홍차는 인도 아
삼 주에서 자라는 차나무를 2,000m이상 고지대인 스리랑카 우바에 옮겨 심어 재
배된 것이다. 아삼 주와 동일한 종자임에도 불구하고 지역별 특성 때문에 아삼 홍
차와는 다른 특유의 상쾌한 떫은맛과 향이 있다.

수확은 일 년 내내 이루어지나 6~9월에 불어오는 건조한 바람의 영향으로 8월
초~9월에 타 지역에는 없는 '우바 플레이버Uva Flavor'를 가진 특징 있는 퀄리티
시즌 티를 생산하게 된다. 이 시기의 차는 시원하면서도 우아한 꽃향기를 풍부하
게 느낄 수 있어 희소가치가 높다. 우바 홍차는 일반적인 홍차의 맛을 대표하는

진한 맛 뿐 아니라 경쾌한 신맛, 감칠맛 등의 다양한 맛을 느낄 수 있다. 고급 우바 홍차에서는 잔의 테두리에서 골든 코로나Golden Corona라는 금색의 띠를 발견할 수 있다. 대체로 투명하고 밝은 오렌지빛 홍색을 가지고 있고 대중적이면서도 선호도가 높다.

주로 분쇄된 BOP급 홍차로 가공되며 전체 생산량의 3%만이 OP등급으로 가공되어 최고급 홍차로 만들어 낸다.

유명 다원으로는 세인트 제임스St.james, 담바텐Dambatenne, 봄바갈라 Bombagalla, 우바 하이랜드Uva Highland, 네루와Neluwa, 첼시Chelsea, 말와테Malwatte, 삐타 라뜨말리Pita Ratmalie 등이 있다.

딤블라Dimbula

딤블라는 해발고도 1,200~2,000m의 험한 산이 이어지는 중앙 산악지대의 남서부 경사면에 있다. 1870년대에 커피나무를 대신하여 차나무를 심기 시작한 스리랑카 내의 오래된 차 재배지이며 우바, 누와라 엘리야와 함께 스리랑카 3대 하이 그로운 티로 세계적으로 널리 알려져 있다. 다원과 제다 공장은 1,100~1,600m 사이에 흩어져 있으며 일 년 내내 수확이 가능하다. 12~4월 사이에 좋은 품질의 차가 생산되는데 그 중에서도 퀄리티 시즌(가장 건조한 시기)인 1~2월에 최고 품질의 차를 얻을 수 있다. 이 시기의 차는 탕색은 밝은 오렌지색을 품은 붉은색을 띠며 우아하면서도 신선한 맛과 달콤한 꽃향기로 우바 홍차 보다 맛과 향이 부드럽다. 스트레이트 티로 마셔도 좋으나 다른 홍차에 비해 탄닌 성분이 적어 얼음과 만났을 때 크림 다운Cream Down 현상이 적게 일어나 아이스티로 좋으며 밀크티에도 적합하다. 주로 오서독스Orthodox 제다법으로 만드

스리랑카 중부에 있는 캔디지역 다원

는 BOP타입이지만 BOPF도 많이 생산하고 있다. 근래에는 티백용의 CTC도 증가하고 있다. 유명 다원으로는 마트칼레Mattkalle, 케닐워스Kenilworth, 키르코스왈트 Kirkoswald, 서머셋Somerset, 큐Kew, 세인트 쿰St.coombs, 브룬스윅Brunswick, 코티야갈라Kotiyagala, 라이온론Lionorn, 캄피온Campion, 세인트 클레어St. Claire, 그레이트 웨스턴Great Western 등이 있다.

캔디Kandy

캔디는 스리랑카 중부에 위치하고 있으며 5대 산지 중에서 가장 북쪽에 있다. 옛 실론의 수도이며 1815년에 영국의 식민지가 되기 전까지 정치와 경제, 문화의 중심지였다. 이 곳은 유럽의 영향을 거의 받지 않고 그들만의 전통적인 흔적을 고스란히 갖고 있어 세계 문화유산으로 지정된 곳이기도 하다. 또한 영국인 제임스 테일러에 의해 1867년 캔디 동남부지역에 스리랑카 최초의 차 농장이 시작된 곳이며, 현재는 대규모 다원이 조성되어 있어 많은 생산량을 내고 있는 곳이다. 다원과 제다 공장은 600~1,200m 사이에 있으며 계절풍의 영향이 별로 없어 퀄리티 시즌이라는 것이 없이 일 년 내내 거의 같은 성질과 같은 품질의 찻잎이 수확된다. 캔디에서는 쓴맛이 적은 부드러운 중국종 홍차와 진하고 깔끔한 맛의 아삼종 홍차가 나온다. 그러므로 같은 캔디 홍차라도 회사별로 맛에 차이가 있다. 탕색은 밝은 홍색이며 중후하면서도 부드러운 맛과 깔끔하고 깨끗한 맛을 가지고 있다. 탄닌 성분이 적어 아이스티로 만들어도 탁해지지 않으며 시원한 맛을 내어 준다. 또 허브티와 블렌딩 해도 좋은 맛이 난다. 재배되는 품종은 아삼종이 주류를 이루나 중국 개량종 차나무도 많이 재배되고 있다. 대부분 BOP타입이 주류를 이루고 있다.

루후나Ruhuna

스리랑카 남쪽에 위치한 루후나는 해발고도가 가장 낮은 지역에 있는 홍차 산지이다. 스리랑카에서 만들고 있는 홍차의 60% 이상이 로우 그로운 Low Grown인 이 곳 루후나에서 생산되고 있다. 루후나는 기온이 낮아서 찻잎 성장이 좋아 하이 그로운High Grown보다 찻잎이 1.5~2배 정도 크다. 그러므로 제다과정에서 발효를 강하게 하고 고온에서 건조하기 때문에 훈연Smoky향이 나며 농후하고 묵직한 떫은 맛이 특징이다. 차는 일 년 내내 생산하고 있으며 하이 그로운 같은 퀄리티 시즌이 따로 없지만 다원에 따라서 건조기에 해당하는 1~3월 또는 8~10월이 퀄리티가 좋은 시기라 할 수 있다. 탕색은 짙은 암적색이며 우렸을 때 다

해가림 나무Shadow Tree가 있는 차밭

스리랑카의 오래된 차나무

크 초콜릿 또는 캐러멜과 같은 독특한 맛과 향이 향신료와 잘 어울려 인도의 짜이를 만드는 데 좋다. 개성 있는 풍미로 밀크티에도 잘 어울린다.

우다 푸셀라와Uda Pasellawa

우다 푸셀라와는 스리랑카를 대표하는 홍차 산지 우바를 분할하여 새롭게 탄생한 곳이다. 우바와 캔디 사이에 위치해 있으며 누와라 엘리야와 맞닿아 있다. 지역은 그리 넓지 않지만 우바와 누와라 엘리야에 버금가는 맛과 향을 가지고 있다. 스리랑카의 다른 지역과는 달리 일 년에 두 번 퀄리티 시즌이 있다. 누와라 엘리야와 인접해 있는 지역은 1~3월이 퀄리티 시즌이지만, 우바와 인접해 있는 지역은 7~9월이 퀄리티 시즌으로 이때 고품질의 홍차가 생산된다. 위치가 계절풍의 영향을 받는 고지대이므로 기후가 차갑고 건조하다. 이러한 기후의 영향으로 우바나 누와라 엘리야 홍차와는 다른 특징을 갖고 있는 차가 생산되기에 스리랑카 정부는 우다 푸셀라와를 새로운 브랜드로 독립시켰다. BOP 타입이 주로 생산되나 OP타입도 일부 생산되고 있다.

사바라 가무와Sabara Gamuwa

루후나의 북쪽에 있는 사바라 가무와는 루후나를 분할하여 새롭게 탄생한 스리랑카 7대 차 산지 중 하나이다. 2000년대에 찻잎생산이 급증하자 스리랑카 정부의 티 보드Tea Board는 광대한 루후나 차 산지를 남북으로 분할하여 지역 특화를 도모하였다. 이 곳은 사파이어, 루비, 토파즈 등이 채굴되고 있어 보석 이미지를 이용한 등록 상표를 디자인 하였다. 사바라 가무와는 저지대인 루후나 보다는 약간 높은 곳에 있어 루후나와는 또 다른 차의 맛을 가지고 있다. 주로 BOP급이 생산되며 루후나와 더불어 아랍의 여러 나라에서 인기가 많다.

떠오르는 신흥 홍차 생산지

네팔Nepal _

공식 국명이 네팔 연방민주공화국인 네팔은 중국과 인도 사이에 위치하며 히말라야 중부지역에 자리 잡고 있다. 차가 생산되는 네팔의 동부 지역은 다르질링과 매우 유사한 기후를 가졌고 홍차와 백차를 주로 생산하고 있다. 대부분의 홍차는 300m 이하의 테라이 평원Terai Plains에서 생산되나 네팔 동부의 일람 다원, 안투밸리 다원에서는 최고 품질의 차가 생산되고 있다. 국내 소비 시장을 겨냥해 주로 CTC방식으로 생산되나 최근에는 정통홍차 생산량도 급속히 늘고 있다. 네팔의 차 역사는 1873년 네팔 총독인 가즈라즈 싱 타파가 인도의 다르질링 지역을 여행하던 중 차의 매력에 빠져 네팔에서 차를 재배한 것으로 시작되었다. 그는 일람Ilam 과 속팀Soktim에 농원을 세우고 네팔 최초의 정통 홍차를 생산하고자 하였으나 정치적 혼란 등의 이유로 차 산업이 제대로 성장하지는 못하였다. 그러나 1950년대부터 점차 생산이 재개되어 1985년 네팔 정부가 동부 5개 지역-

일람Ilam, 자파Jhapa, 판치타르 Panchthar, 테르하툼Terhathum, 단쿠타Dhankuta-를 차 생산지 Tea-Zone로 선포하게 되었다. 이로 인해 차의 경작 면적이 증가하였고, 1997년에는 다원과 공장을 민영화하면서 10여년 사이에 생산량이 급성장하였다. 차 생산의 역사는 짧으나 소규모 다원끼리 협동

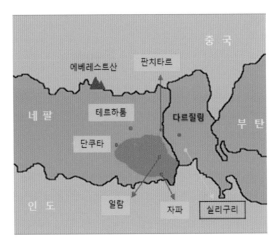

다르질링과 가까운 네팔동부 차 생산지

히말라야 홍차

조합을 구성하며 다양한 혁신을 꾀하고 있다. Tea-Zone으로 선포된 네팔의 동쪽(다르질링의 서쪽) 지역은 다르질링과 테루아가 매우 비슷해 맛과 향도 다르질링 홍차와 유사하기 때문에 네팔 홍차를 다르질링 홍차로 속여 비싼 가격을 받기도 하였다. 특히 1,300~1,717m의 고지대에서 생산되는 홍차는 다르질링 지역의 기후 및 환경과 거의 동일하다. 그러나 2016년 11월부터 다르질링 홍차가 원산지 표시제로 보호받게 되면서 더 이상은 유럽에서 네팔 홍차를 다르질링 홍차로 판매할 수 없게 되었다. 근래의 네팔 홍차는 히말라야라는 이름을 이용하여 마케팅을 펼치고 있는데 그것은 네팔보다는 최고봉 히말라야라는 이미지가 더 좋기 때문일 것이다. 특히 2014년부터 'Nepal Tea quality from the Himalayas'라는 로고를 만들어 전 세계에 홍보하는 떠오르는 홍차 강국이다. 네팔의 홍차는 다음과 같이 구분된다.

봄차First Flush
3~4월에 생산되며 탕색이 맑고 부드럽고 가벼운 맛과 향을 가지고 있다.

여름차Second Flush
5~6월에 생산되며 탕색은 봄 차보다 약간 짙으며 부드럽고 향이 좀 더 짙다.

몬순 차Monsoon Flush
7~9월에 생산되며 맛과 향이 짙고 탕색이 어둡다.

가을차Autumnal
10월에 생산되며 강한 맛과 향을 가지고 있다.

케냐Kenya _

아프리카는 인도, 스리랑카에 이어 홍차의 주요 생산지가 된 곳이다. 케냐를 필두로 동아프리카 지역에 말라위, 탄자니아, 우간다 등이 주요 홍차 생산국이며, 서아프리카에는 카메룬과 인도양에 떠 있는 마다카스카르 공화국, 브룬디, 모잠비크, 잠비아 등에서도 홍차를 생산하고 있다. 아프리카에서 차나무의 재배가 정착된 것은 유럽 식민지 시대부터이지만 1920년대부터 차를 본격적으로 재배하기 시작했으므로 홍차 재배 역사는 짧은 편이다. 그러나 품종개량에 집중하여 차 생산이 늘고 있는 추세

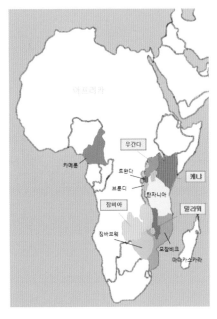

아프리카의 차 생산지

이며, 차나무의 병충해가 적어 무농약 재배가 가능하다는 장점을 가지고 있다. 특히 케냐는 동아프리카 열대 아래에 위치하나 국토 전체의 해발고도가 높아 비교적 온화한 기후이다. 대부분의 지역들은 건조하여 곡물들을 경작할 수 없지만, 고지대에 있는 차 산지들은 빅토리아 호수에서 수증기가 상승하여 고지대에 비를 내리므로 온난하고 습한 공기로 일 년 내내 차 생산이 가능하다.

케냐에서의 홍차 재배는 1903년 유럽에서 온 정착민인 케인Caine이 0.8ha(약 2,248평)의 땅에 아삼종 차나무를 재배한 것으로 시작되었다. 1920년대부터는 상업적인 목적으로 차가 재배되었으며, 1959년에는 차 생산이 케냐의 주요 산업으로 인식되어 케냐 차 기구Tea Board Of Kenya가 농산부의 산하 기관으로 구성되었다. 1963년 영국으로부터 독립하고 이듬해 케냐 차 발전 위원회Kenya Tea

Develement Authority가 설립되면서 고지대의 소규모 경작자들에게 재배법 등을 알리는데 힘쓰고 있다. 케냐의 차 생산량은 인도 다음으로 스리랑카를 제치고 상위권에 진입하게 되었는데 그것은 이상적인 기후조건과 풍부한 노동력 그리고 최신기술의 도입 때문이다. 케냐의 홍차 생산지는 서늘한 기후 때문에 연중 찻잎 따기가 가능하고 안정된 품질의 홍차를 생산할 수 있으며 찻잎의 성장 속도도 빨라 생산량도 많다. 높은 고도와 신선한 기온으로 부드럽고 마일드한 맛의 홍차를 생산할 수 있다. 1월에서 12월까지 연중 차를 생산하나 퀄리티 시즌은 1~2월 초와 7~9월이다. 유명 다원으로는 마리닌Marinyn 다원을 들 수 있으며 이 곳에서는 통잎Whole Leaf과 파쇄형 차를 생산하고 있다. 탕색은 붉은 홍색을 띠고 중국의 기문처럼 난향이 나며 약간 떫으면서도 산뜻한 맛을 가지고 있다. 품종은 아삼종이나 인도의 아삼종과는 풍미가 다르다. 99% 정도가 CTC홍차로 전 세계 홍차 음용국으로 수출되어 티백이나 아이스티 용도로 블렌딩 되기 때문에 케냐 생산품이라는 것이 알려지지 않은 경우가 많다.

케냐의 유명 다원으로는 카투치Cathuthi, 기삼보Githambo, 이멘티Imenti, 칸가이타Kangaita, 케이고이Keigoi 등이 있다.

케냐의 홍차와 차탕

말라위Malawi

아프리카 남동부에 위치하고 탄자니아, 모잠비크, 잠비아와 국경을 맞대고 있는 말라위는 아프리카에서 3번째이자 세계에서 10번째로 큰 호수인 말라위 호수가 국토의 20%를 차지하고 있어 호수의 나라라고 한다. 주요 산업은 차, 커피, 담배, 목화 등인데 홍차와 커피는 주로 영국에 수출하고 있다. 말라위는 아프리카에서 가장 오래된 홍차의 역사를 가지고 있다. 1860년 영국의 식민지가 된 이후 1885년 스코틀랜드의 에리 모릭 박사가 영국 식물원에서 차나무를 가져오면서 홍차 재배가 시작되었으나 당시에는 성공하지 못하였다. 이후 1920년대 아삼종의 차나무로 본격적으로 재배하였다. 말라위는 오랫동안 아프리카에서 두 번째로 큰 홍차 생산국이었지만 현재 생산량은 5만 톤 수준으로 우간다에 의해 그 자리에서 밀려났다.

기후는 열대성 기후지만 고지대는 시원하며 전체 강수량은 2,000mm 이상이나 남부의 저지대는 800mm 정도로 다양한 양상을 가지고 있다. 여름 기온은 17~29℃, 겨울 기온은 7~23℃이며 5~10월은 건기, 11~4월은 우기다. 다원은 해발 400~1,300m에 위치하고 있어 아프리카 홍차로는 드물게 낮은 지역에서 재배되고 있지만 1년 내내 수확이 가능하며, 차가 많이 생산되는 최고 시즌은 우기인 12~4월이다. 선명한 붉은색이 특징이며 카페인이 적고 떫은맛도 그다지 강하지 않아 밀크티에 잘 어울린다. 스리랑카 로우 그로운Low Grown 티와 비슷한 특징을 갖고 있어 루후나 홍차 타입이라고 하기도 한다. 말라위 홍차는 대부분 CTC제다법의 변형이라는 LTP(Lawire Tea Processor, 기계로 찻잎을 잘게 절단) 방법으로 제작되고 있다.

우간다Uganda _

영국의 식민지였던 우간다는 20C 초에 인도와 스리랑카에서 수입한 차의 종자로 엔테배 식물원에서 육성 재배하기 시작했지만 1993년까지는 재배 규모가 확대되지 못하였다. 1962년 영국으로부터 독립한 이후 1986년 쿠테타를 잠재운 요웨리 뮤세베니Yoweri Kaguta Museveni가 대통령이 된 뒤 평화가 유지되면서 본격적으로 홍차 산업이 발전하게 되었다. 특이 한 것은 내란 속에서도 홍차 재배 규모는 계속 증가하고 있었다는 것이다.

우간다는 고온 건조한 열대성 기후이나 국토가 평균 해발 1,000~1,200m
의 고원지대에 위치하므로 한국의 초가을 날씨처럼 낮에는 덥지만 아침
저녁으로는 선선한 편이다. 다원은 해발 2,000m 이상의 고원지대에 분
포하고 있으며 주 생산지는 자이르 국경지대에 있는 토로Toro고원이다.
주로 CTC제다법으로 생산하며 품종은 아삼종이다. 탄닌이 풍부하고 시
원한 맛과 감칠맛이 강한 홍차를 생산하고 있는 우간다는 떠오르는 홍차
의 신흥 생산국이다.

인도네시아Indonesia _

인도네시아 공화국은 약
17,508개의 섬으로 구성
된 최대 군도 국가이다.
이 곳은 자바Java와 수마
트라Sumatra를 중심으로
일찍부터 차 생산을 하여
한때는 생산량과 수출량
이 세계 4위가 되기도 하
였다. 인도네시아 홍차의
역사는 아주 깊다. 인도
네시아의 바타비아Bata-
via(지금의 자카르타)에 무
역기지를 둔 네덜란드인
들이 중국과의 무역을 통

해 구입하던 차를 인도네시아 자바섬에서 최초로 차나무 재배를 시도했던 때가 1684년이었다. 처음에 중국종 차 묘목을 심었으나 중국종 차나무는 인도네시아의 토양과 기후에 맞지 않아 결국 실패하였다. 그러나 이것은 영국이 인도에서 차 재배를 시도했던 1840년보다 거의 150년이나 앞선 시도였다. 그 후 영국이 아삼에서 아삼종 차나무로 홍차 생산에 성공한 것에 자극받아 19C 초에 스리랑카로부터 아삼종을 가져와 자바 서쪽과 수마트라 동쪽 산악지대에서 차 재배 성공을 거둠으로써 인도네시아 차생산은 변화를 맞게 되었다. 1872년부터는 본격적으로 홍차를 생산하여 인도, 스리랑카에 이어 상위의 홍차 생산국이 되었다. 제 2차 세계대전과 네덜란드와의 독립전쟁(1949년 독립)을 거치면서 다원은 황폐되고 차 산업은 일시적인 하락세를 맞이하였으나 1958년부터는 일부 다원이 국유화되고 정부의 운영 하에서 생산량이 차츰 증가하게 되었다. 1980년대 후반부터 정부가 제다업 활성화 프로그램을 가동하면서 활기를 찾기 시작하여 현재는 생산량이 세계 7~8위 수준으로 회복되었다.

인도네시아는 열대기후와 화산토라는 차 재배에 유리한 자연조건을 가지고 있으며 다원은 주로 화산섬인 자바 서부 산지와 수마트라 북부 메단고원에 흩어져 있다. 자바섬의 다원은 해발 1,500~2,000m정도의 산으로 둘러싸여 있는 구릉지에 있는데 지형과 토질, 기후 등이 스리랑카와 비슷해 스리랑카산 홍차와 향미가

비슷하다. 제조되는 홍차는 주로 로트르반으로 가공되는 BOP홍차와 CTC제다법으로 티백 또는 홍차 음료의 원료 등을 만든다. 자바산 홍차의 최고급품은 OP 등급인데 맛과 향은 스리랑

카산 OP등급 홍차와 비슷하다. 그러나 생산량이 극히 적어 전체 생산량의 1%미만에 그치고 있다. 1년 내내 수확하여 좋은 품질의 찻잎을 공급하고 있으나 굳이 최고의 품질을 논한다면 자바에서는 8~9월, 수마트라에서는 7~9월에 생산되는 차가 좋다. 탕색은 투명하고 오렌지색이며 부드러운 맛과 향이 부담이 없어 스트레이트 티로도 적합하지만 진하게 우려내는 밀크 티로도 유명하다. 시중에 '데자와Tejava'라는 밀크티 음료가 출시되어 있는데 이는 '자바산 홍차'라는 뜻이다. 자바 홍차는 안정된 품질로 부드러운 맛과 향을 지녀 홍차를 처음 접하는 이에게도 부담이 없다. 유명 다원으로는 자바섬의 카리그와Kaligua 다원과 수마트라섬의 구뭉 마스Gumung Mas 다원을 들 수 있다.

20C 인도네시아 수마트라 차밭

세계의 유명 홍차회사와 브랜드

차 관세의 하락, 인도에서의 아삼종 홍차의 재배, 그리고 영국에서 1880년대에 시작된 식료품 체인점의 발달은 영국인의 차 소비에도 큰 영향을 주었고 다양한 홍차 브랜드가 자리 잡을 수 있었다.

트와이닝Twinings 영국 1706 _

토마스 트와이닝T. Twining이 1706년 커피하우스 'Tom's Coffee House'를 인수하여 300여 년 동안 런던 트라팔가 광장의 한 장소를 지키고 있는 세계에서 가장 오래된 홍차 회사이다. 당시 커피와 차를 함께 판매하던 커피하우스에는 여성들의 출입이 금지되었는데 트와이닝은 1717년 홍차만을 전문적으로 판매하며 여성들도 직접 차를 마시고 구입할 수 있는 골든 라이온Golden Lion이라는 가게를 열어 큰 인기를 모았다. 주변의 건물들이 새롭게 증축하며 변화하고 있지만 현재도 골든 라이온은 이전의 모습을 그대로 유지하고 있으며 그를 대표하는 황금사자상 앞은 많은 관광객들로 붐비고 있다.

초기 트와이닝사의 홍차는 단순한 주문판매 형식으로 블렌딩 홍차가 거의 없었으나 현재는 다양한 블렌딩 차를 생산하여 수출하고 있다. 가격도 비교적 저렴한 편이면서 차 맛도 나쁘지 않아 입문자용으로 적합하다. 홍차의 풋풋한 맛과 베르가못 향이 잘 결합되어 있는 얼 그레이Earl Grey를 비롯하여 레이디 그레이Lady Grey, 트와이닝 다르질링Darjeeling, 잉글리쉬 브렉퍼스트 English Breakfast 등이 유명하다.

잭슨스 오브 피커딜리Jacksons of Picadilly 영국 1815 _

잭슨스 오브 피커딜리사는 얼 그레이Earl Grey 홍차를 최초로 만든 회사로 널리 알려져 있다. 얼 그레이라는 이름이 붙게 된 것에는 여러 가지 설이 있지만 19C 중반 영국 수상이었던 찰스 얼 그레이 백작이 중국 안휘성 기문 등지에서 생산된 가향차를 선물 받았는데 매우 마음에 들어 가공법과 함께 잭슨스 오브 피커딜리에 이와 유사한 차의 제조를 의뢰한 것으로 시작된다. 그러나 최초의 얼 그레이 생산 회사를 두고 잭슨스 오브 피커딜리사와 트와이닝사는 오랫동안 논쟁을 펼쳤고 사실 여부는 두 회사가 합병함으로써 현재도 미결로 남아 있다. 얼 그레이 홍차는 가향차로써 시트러스Citrus계열의 과일인 베르가못Bergamot의 껍질에서 추출된 오일을 첨가하여 만들어진다. 현재는 대부분의 모든 홍차 브랜드에서 제작되고 있으며 베르가못 오일만을 사용하지 않고 오렌지 등의 껍질에서 추출한 향을 합성하여 사용하기도 하는 등 각 회사마다 배합률이 다르기에 체크해 볼 것을 권한다.

잭슨스 오브 피카딜리는 오랜 역사를 자랑하는 브랜드 홍차이지만 현재는 트와이닝사에 합병되어 아쉽게도 녹차와 얼 그레이를 비롯한 몇 가지 종류의 가향차가 판매되고 있다.

해러즈Harrods 영국 1849 _

영국 최고의 백화점으로 유명한 해러즈는 1849년 홍차 상인이었던 H. C. 해러즈가 런던에 식료품점을 연 것으로부터 출발하였다. 식료품점은 고급화 마케팅을 펼치며 영국을 대표하는 백화점으로 성장했으며,

동명의 홍차 회사 또한 영국인의 사랑을 받는 브랜드로 자리 잡았다. 해러즈는 설립 초기부터 블렌디드 티를 판매하였으며 1920년대 초 현대적 블렌딩 기법을 개발함으로써 블렌디드 티를 선도하는 생산자가 되었다.

해러즈의 홍차는 다원에서 직접 가져온 찻잎을 사용한 스트레이트 티 제품이 많다. 그 중 잉글리쉬 브렉퍼스트인 '해러즈 No.14'는 다르질링, 실론, 케냐 홍차를 블렌딩한 해러즈의 베스트 상품이다. 또한 백화점 창립 150주년을 기념해 만든 '해러즈 No.49'도 인기가 높은데 다르질링을 중심으로 아삼, 닐기리, 캉그라, 시킴 5종의 찻잎을 섞어 만든 블렌디드 홍차이다. 비교적 덜 알려졌지만 '해러즈 No.34 Empire Blend'는 인도에서만 생산되는 아삼, 다르질링, 닐기리 3종을 블렌딩한 홍차로 어느 장소에서나 어울릴 만큼 깔끔한 맛을 느낄 수 있다.

위터드 오브 첼시Whittard Of Chelsea 영국 1886 _

위터드 오브 첼시는 1886년 런던 Fleet Street에 가게를 오픈한 것을 시작으로 런던에만 약 50여 개, 전국적으로는 140여 개가 넘는 직영 티 하우스Tea House를 운영하면서 지속적으로 성장하고 있다. 그러므로 런던 시내를 거닐다 보면 곳곳에 위치한 위터드 티하우스에서 휴식을 취하는 영국인들을 많이 접할 수 있다.

위터드 사는 설립 초기부터 차 뿐만 아니라 커피도 함께 생산하고 있으며 'Buy The Best', 최고 품질의 찻잎과 원두를 구입하여 퀄리티 높은 제품만을 판매하겠다는 철학을 지켜오고 있다. 전 세계에서 생산하는 300여 종의 차를 취급하고 있으며, 특히 일본의 가루 말차인 Matcha를 수입 판매하며 영국과 유럽 뿐 아니라 일본에서 인기를 얻고 있는 브랜드이다. 아삼을 기본으로 한 잉글리쉬 브렉퍼스트 English Breakfast는 가격대비 훌륭한 맛을 내며, 말린 과일이 그대로 들어 있는 Fruit & Herbal Tea도 인기가 높다. 또한 가루형태의 파우더 티이지만 Flavour Instnt Tea는 손쉽게 아이스티의 맛을 즐길 수 있다.

테일러스 오브 헤로게이트Taylors Of Harrogate 영국 1886 _

1886년 찰스 테일러가 자신의 고향인 요크셔 지방의 헤로게이트에서 차와 커피를 취급하는 작은 카페를 연 것에서 시작되었다. 1896년 런던 식료품 전시회에서 금메달을 획득하며 이름을 알리게 되었으며 1962년 헤로게이트 지역의 유명한 티룸Tea Room인 베티스Bettys와 합병하여 지역을 대표하는 명소가 되었다.

대표적인 제품은 요크셔 티Yorkshire Tea로 단독으로 브랜드화 되어있을 만큼 테틀리Tetley, 피지팁스PG Tips, 타이푸Typhoo와 함께 영국인의 대중적인 사랑을 받고 있다. 특히 요크셔 골드Yorkshire Gold는 아삼, 르완다, 케냐의 차를 CTC공법으로 제조, 혼합하여 강한 맛이 나는 것이 특징이기에 진하게 우려내어 설탕을 넣거나 우유를 첨가하여 밀크티로 즐기기에 적합하다. 테일러 오브 헤로게이트의 클래식 라인 중에는 인도 북동쪽 브라마푸트라 계곡에서만 채취한 잎으로 만든 퓨어 아삼Pure Assam과 무스카텔 향이 풍부한 애프터눈 다르질링Afternoon Darjeeling이 유명하다.

립턴Lipton 영국 1890 _

식료품 체인점으로 유명했던 립턴 사는 1889년 병충해로 망해버린 스리랑카의 5개의 커피농장을 인수한 뒤 이를 차밭으로 개간하였다. 이후 직접 찻잎을 생산하여 홍차를 취급하게 되었고,

'다원의 홍차를 직접 가정의 티 포트로Direct from the Tea Gardens to the Tea Pot'
라는 슬로건아래 재배에서 판매까지 중간 도매상을 거치지 않는 박리다매 마케
팅으로 차의 가격을 낮추며 홍차의 대중화에 큰 영향을 주었다. 또한 찻잎의 무
게를 달아 팔지 않고 소포장 단위의 규격화된 홍차를 판매하는 형식으로 사람들
의 구매를 유도하였다.

립턴 사는 인도, 실론, 미국에 다원과 농원을 갖추고 현지에서 차들을 대량으로
생산, 가공한다. 이 홍차들은 비 알코올음료에서는 코카콜라, 펩시, 네스카페에
이어 높은 판매량을 보일만큼 대중적인 홍차 브랜드이다. 1910년에 출시한 옐
로우 라벨Yellow Label 티백은 케냐와 스리랑카의 다양한 다원의 찻잎을 블렌딩
했으며 전형적인 아삼종의 풍부하고 강한 맛으로 우유를 첨가하여 마셔도 좋다.

포트넘 앤 메이슨Fortnum & Mason 영국 1707 _

1707년 윌리엄 포트넘William Fortnum과 휴 메
이슨Hugh Mason이 공동으로 설립한 식료품 및
홍차 브랜드로 윌리엄 포트넘이 앤 여왕Queen
Anne의 왕실 집사였던 것을 계기로 왕실과 귀족
들에게 홍차와 식료품을 납품함으로써 이를 연
계한 사업을 발전시켜 영국을 대표하는 브랜드
가 되었다. 런던 피카딜리에 있는 포트넘 앤 메
이슨의 본사 건물 정면에는 1964년부터 포트넘의 트
레이드 마크와 같은 시계가 설치되어 있는데 매시간 정각마
다 궁정인 모습을 한 포트넘과 그의 동업자 메이슨의 인형이 차와 촛대를 들고 등
장하는 볼거리를 제공한다. 과거에는 영국의 에프터눈티의 시간을 상징하는 4시
를 가리키는 시계가 회사의 로고였으나 현재는 사랑스러운 민트색을 메인으로한

고급스러운 포장으로 세계의 소비자들에게 사랑받고 있다. 특히 계절이나 기념일을 위한 마케팅 상품이 많아 선물용으로 선호도가 높은 브랜드이다. 1902년 에드워드 7세를 위한 전통적인 영국홍차 로열 블렌드Royal Blend와 1907년 포트넘 앤 메이슨의 200주년을 기념하며 제작된 퀸 앤Queen Anne, 2012년 엘리자베스 여왕 60주년을 축하하며 출시한 쥬빌리 블렌드Jubilee Blend가 유명하다. 같은 해 포트넘스 식료품관의 4층(영국기준)에 위치한 세인트 제임스 레스토랑이 이를 기념하기 위하여 다이아몬드 쥬빌리 티 살롱으로 재 오픈하며 엘리자베스 여왕이 오픈식에 참석하기도 하였다. 2017년부터 국내 백화점과 손잡고 서울 경기권 3곳에 플래그쉽을 열어 차를 직접 보고 선택할 수 있으며 차 뿐만 아니라 비스킷, 잼, 초콜릿, 와인 및 다구 등 다양한 상품을 판매하고 있다. 특히 국내 입점 2주년을 기념한 남산 블렌드Namsan Blend는 봄날 남산의 장미꽃을 모티브로 제작되어 6~8월 수확한 다르질링 홍차 잎에 말린 장미향을 입힌 가향차로 국내에서만 출시되어 포트넘스 브랜드 애호가들의 많은 관심을 받았다.

아마드Ahmad Tea 영국 1953 _

아마드사는 1950년대 인도에서 이란으로 홍차를 수입하던 아프셔Afshar가문이 이란 혁명 이후 영국으로 이주한 후 3세대에 걸쳐 홍차만을 제조해 온 홍차 전문 기업이다. 아마드 만의 맛과 향을 위하여 원산지에서 찻잎을 말리지 않고, 영국 본사에서 처음부터 가공을 하여 규칙적인 맛을 유지하며 이름을 알리게 되었다. 현재는 세계 여러 나라에 10여 개의 자체공장이 운영되고 있으며, 가격 대비 맛과 향이 뛰어나다. 전반적으로 깔끔하고 개운한 맛이 특징으로 저렴하면서도 구입이 쉬워 입문자도 다양한 홍차를 쉽게 접근 할 수 있다.

로네펠트Ronnefeldt 독일 1823 _

요한 로네펠트Johann Ronnefeldt에 의해 1823년에 설립된 독일의 홍차 회사이다. 19C 독일에서 차는 함부르크와 같은 항구에서 가까운 곳에서 거래되는 것이 통상적이었지만 로네펠트는 중심가인 프랑크푸르트에 본사를 설립하며 고객들과 차의 접근성을 높였다. 두 차례의 세계대전을 겪으면서 차의 원료를 구하기 힘들어지자 과일과 허브 등을 혼합한 차를 제작하기도 하였는데 수요가 높아지자 점차 로네펠트사만의 황금비율이 축척되어 다양한 가향차가 개발되었다. 1992년부터는 새로운 경영자인 F. Holzapfel이 브랜드의 고급화 전략을 취하게 되면서 유럽 각국 왕족들이 내방하는 유명한 리조트, 최고급 호텔, 레스토랑, 티하우스에 이르기까지 폭넓게 로네펠트의 차가 채택되었다. 현재 세계 50여 개국 특급호텔에서 커피를 제외한 차 점유율은 70%에 달하며 4성·5성급 호텔에서 소비되는 홍차 중 92% 이상이 로네펠트 홍차라고 한다. 아삼 홍차에 코코아와 위스키 향을 블렌딩한 아이리쉬 몰트Irish Malt와 중국녹차와 시트러스, 장미 등의 꽃향이 첨가된 모닝듀(아침이슬)Morggentau는 로네펠트의 시그니처 상품이다. 브랜드 자체가 티벨럽Teavelope이라 부르는 티백 형태가 많지만 대부분 오서독스 공법으로 제작되었으며 고급화 전략에 맞게 품질 또한 우수한 편이다. 현재 국내에서도 메인 디쉬와 함께 하는 살롱을 결합한 고급화된 이미지의 로네펠트 티하우스Ronnefeldt Teahaus가 서울과 수도권에 5개가 입점해 있어 다양한 제품들을 만날 수 있다.

마리아쥬 프레르Mariage Freres 프랑스 1854 _

프랑스의 홍차문화는 노동자계급까지 유행한 영국에 비하여 상류층의 문화로 국한되어 대중적으로 널리 퍼지지는 못하였으나 17C의 프랑스는 네덜란드와 더불어 유럽에서 차를 가장 많이 소비하는 나라였다. 17C 부터 무역상이었던 마리아쥬 가문은 차 무역에 대한 경험과 지식을 반영하여 1854년 앙리Henri와 에두아르Edouard형제에 의해 파리에서 마리아쥬 프레르Mariage Freres를 설립하였다. 그러나 19C 당시에는 부유층에서도 차보다는 커피와 초콜릿, 와인을 선호하였다. 이것은 마리아쥬 프레르를 비롯한 프랑스의 홍차회사들이 초기에 기획하였던 다원에서 직접 가져오는 싱글 오리진Single Origin의 판매보다 다양한 블렌딩차와 가향차를 개발하는데 힘쓴 계기가 되었다. 1980년도부터 프랑스에서도 건강에 대한 관심이 증가하면서 커피의 대안음료로 차가 대두되었고, 이를 계기로 마리아쥬 프레르, 포숑Fauchon, 니나스Nina's, 다만 프레르Dammann Freres 등의 홍차브랜드가 세계적으로 성장하게 되었다. 마리아쥬 프레르는 400여 종의 다양한 차를 취급하는 유서 깊은 프랑스 대표 티 브랜드로 프랑스, 영국, 독일, 일본 등에 30여 개의 단독 매장을 운영하고 있다. 이 회사는 독일의 로네펠트社와 같은 고급화 전략을 취함으로써 항공사의 퍼스트 클래스나 고급 호텔에도 차를 제공하고 있다. 중국의 기문홍차를 베이스로 티벳의 꽃과 과일향을 입힌 마르코 폴로Marco Polo, 아삼 찻잎에 초콜릿, 캐러멜 향을 느낄 수 있는 웨딩 임페리얼Wedding Imperial, 베르가못 향과 블루빛 수레국화 잎Cornflower이 블렌딩 된 얼 그레이 프렌치 블루Earl Grey French Blue 등이 유명하다.

포숑Fauchon 프랑스 1886 _

1886년 A. 포숑Auguste Felix Fauchon은 파리에 고급 식재료와 홍차, 커피, 초콜릿, 와인 등을 취급하는 식료품점을 오픈하였다. 프랑스에서는 19C 후반 파리에만 5000여 개에 가까운 에피스리 Epicerie(식료품가)가 있었을 정도로 식음료에 대한 관심이 높았으며 살롱과 카페가 활성화되어 미식문화가 발전하였다. 포숑Fauchon은 1895년 베이커리를 추가하고 1898년 티 살롱Salon De The을 개점하였으며 이후 130년 이상 프랑스의 최고급 식료품 브랜드의 명성을 이어오고 있다. 포숑 역시 프랑스의 플래이버리 티 문화의 영향으로 가향차의 인기가 높다. 특히 스리랑카 홍차에 사과향을 입힌 애플티La Pomme는 1972년 출시되어 현재까지도 꾸준한 사랑을 받고 있으며 장미와 바닐라 향을 담은 맬란지Melange Tea, 파리의 오후Afternoon in Paris Tea, 프랑스의 저녁Evening in France Tea도 포숑의 인기 품목이다. 포숑은 피에르 에르메Pierre Herm, 도미니크 앙셀Dominique Ansel을 비롯한 세계적인 파티시에들이 포숑 출신일 정도로 제과 부분이 유명하다. 마카롱은 파리 3대 마카롱 중 하나이며 다양한 맛의 크림으로 속을 채운 길쭉한 모양의 슈Choux 페이스트리에 퐁당 아이싱 Fondant Icing을 덧입힌 에끌레어 Eclairs는 포숑의 대표적인 디저트로 홍차와 함께 하는 티푸드로 즐기기에 적합하다. 한국에서는 2012년부터 서울 잠실에 포숑 티 살롱을 오픈하였고 2020년 유러피안 스타일의 레스토랑을 겸한 플래그 쉽 스토아로 리뉴얼하며 차와 더불어 식사도 즐길 수 있게 되었다.

루피시아Lupicia 일본 1994 _

프랑스어로 식료품을 뜻하는 에피스리Epicerie에 대명사 Le가 붙어 일본식 발음과 가까운 레피시에L'epicerie는 1994년 홍차 전문회사로 출발하여 2003년 동양차를 취급하는 루피챠앤Lu Pi Cha En(綠碧茶園)을 함께 운영하였다. 이후 2005년 레피시에와 루피챠엔의 두 브랜드를 통합하여 동서양의 차를 취급하는 루피시아Lupi-cia로 브랜드 네임을 리뉴얼하였다. 다양한 신제품을 출시하는 루피시아는 매해 한정판Limited Edition을 선보이며 새로움을 추구하는 홍차 애호가들의 사랑을 받고 있으며, 루피시아의 트레이드 마크인 원형의 티 캔은 50g씩 소포장 되어 신선한 상태의 차를 빠르게 소비할 수 있도록 구성되어 있다. 루피시아는 현재 전 세계 각지 400종 이상의 차를 취급하고 있으며 일본 국내에서 약 80여 개, 타이완, 호주, 미국 등에 직영 매장을 운영하고 있다. 우리나라에는 2006년 공식 매장이 오픈 되었다가 현재는 철수하였으나 비교적 합리적인 가격에 온 라인으로 구입할 수 있어 한국에서도 인기가 높은 브랜드이다. 체리, 핑크 페퍼, 로즈메리가 가향된 '사쿠란보Sakurambo'는 스트레이트 및 아이스티, 밀크티 등이 두루 어울리는 루피시아의 스테디 셀러이다.

딜마Dilmah 스리랑카 1980년대 중반 _

딜마Dilmah는 1980년대 중반 '세상에서 가장 신선한 홍차'를 모토로 스리랑카의 티 테이스트 메릴 조셉 페르난도Merril J. Fernando에 의해 설립되어 100여 개국 이상 판매되고 있는 홍차 전문회사이다. 현재 스리랑카에서 가장 좋은 다원들을 소유하여 채엽과 함께 가공에서부터 포장까지 진행하고 있으며 선주문, 후생산 방식을 채택하여 재고율이 낮아 신선한 차를 만날

수 있다. 홍차를 비롯한 다양한 가향차가 제작되고 있으며 특히 누와라 엘리야 Nuwara Eliya, 캔디Kandy, 갈레Galle 등의 홍차는 Single Region Tea로 스리랑카에서만 생산되는 산지 본연의 맛을 쉽게 접할 수 있다. 또한 와인의 성질에서 착안한 딜마의 '와테Watte 시리즈'는 와인이 지역이나 품종에 따라 맛과 향, 수색이 다르듯 홍차에서도 각 지역의 기후, 고도 등에 의해 결정되는 차의 고유한 성질을 살려 제작되었다. 고도에 따라 샴페인 맛의 란Ran와테, 피노누아를 연상시키는 우다Uda와테, 쉬라즈 품종 느낌의 메다Meda와테, 저지대 다원의 찻잎으로 만들어 탄닌과 몰트향이 느껴지는 까르보네 쇼비뇽 스타일의 야타Yata와테로 이루어진 와테시리즈는 기후와 고도에 따른 스리랑카의 다양한 홍차의 맛을 느낄 수 있다.

TWG 싱가포르 2008 _

TWG는 웰니스 그룹, The Wellness Group의 약자로 싱가포르를 대표하는 홍차 브랜드이다. 로고에 있는 '1837' 숫자는 싱가포르에서 상공회의소를 통한 차 무역이 이루어진 해를 뜻하며, 티 캐디 역시 19C 당시 사용하였던 포장을 모방하여 제작되었다.

이러한 이유로 많은 사람들이 포트넘 앤 메이슨사社 로고의 1707처럼 1837을 TWG사의 설립년도로 오해하기도 한다. TWG는 2008년 매장을 겸한 티 하우스로 시작하여 명품매장 인근에 입점하는 고급화 전략을 바탕으로, 미국 뉴욕을 비롯한 중국, 일본, 영국, 프랑스 등 19개국에 개별 매장을 두며 성장하고 있다. 2019년 기준 40여 개국에 차를 유통하고 있으며 한국에서도 2014년부터 식사와 차를 함께 할 수 있는 TWG 티 살롱&부티크가 입점하였고 서울과 수도권의 호텔과 백화점 3곳에서 운영되고 있다. 비교적 신생 회사인 만큼 매해 다양한 신제품을 출시하고 있으며 홍차 뿐 아니라 녹차, 백차, 황차, 청차의 블렌딩 티의 개발에도 힘쓰고 있다. '1837 Black Tea'는 버뮤다 삼각지대의 과일을 블렌딩하여 딸기와 캐러멜향을 느낄 수 있는 TWG의 시그니처 상품이다. 그 밖에 프렌치 얼 그레이 French Earl Grey, 짜이를 연상시키는 싱가포르 브렉퍼스트Singgapore Breakfast, 딸기와 바나나 향이 블렌딩 된 녹차인 실버문Silver Moon도 많은 사랑을 받고 있다. 그 외 2.5g의 넉넉한 양이 들어 있는 TWG의 티백포장은 100% 면사로 제작되어 간편하게 풍부한 맛을 즐길 수 있다.

참고 문헌 및 그림

가와기타 미노루, 『설탕의 세계사』, 장미화 역, 좋은책 만들기, 2003

김영애, 『홍차, 그 화려한 유혹』, 월간 〈차의 세계〉, 2018

김재규, 『유혹하는 유럽 도자기』, 한길아트, 2000.

레카사린, 라잔 카푸르, 『CHALI,인도 홍차의 모든 것』, 주한 인도 대사관 번역, 한국티소믈리에연구원, 2012

린다 케일러드, 『TEA』, 최가영 역, 시그마북스, 2016

마르첼로 플로레스, 『사진으로 읽는 세계사4 식민주의』, 김운창 역, 플래닛, 2008

문기영, 『홍차수업』, 글항아리, 2014

———, 『홍차수업2』, 글항아리, 2019

미스기 다카토시, 『동서도자교류사』, 김인규 역, 눌와, 2001.

박광순, 『홍차이야기』, 다지리, 2004

베아트리스 호헤네거, 『차의 세계사』, 조미라, 김라현 공역, 열린세상, 2012

손연숙 외, 『홍차레슨』, 이른아침. 2015

송은숙, 『AFTERNOON TEA』, 이른아침, 2019

신소희, 정인오, 『차의 관능평가』, 이른아침, 2017

오웰, 『홍차로드』, 설응도 역, 라의 눈, 2015

이소부치 다케시, 『홍차의 세계사, 그림으로 읽다』, 강승희 역, 2014

임미경, '중국 공부홍차에 관한 연구', 원광대학교 동양학대학원,2017

정영숙 외, 『홍차문화의 세계』, 티웰, 2010

———, 『생활예절-다례』, 양서원, 1991

정은희, 『한국과 영국의 차문화 연구』, 학연문화사, 2015

제임스 노우드 프랫, 『홍차 애호가의 보물상자』, 문기영 역, 글항아리, 2016

陳宗懋,有永明,梁國彪,周智修, 『品茶圖鑑』, 笛藤出版圖書有限公司, 2006

CHA TEA 紅茶敎室, 『영국 찻잔의 역사, 홍차로 풀어보는 영국사』, 한국티소믈리에연구원, 2015

Cha Tea,『티소믈리에를 위한 영국 찻잔의 역사』,정승호 감수, 한국 티소믈리에 연구원, 2012.

최성희, 『홍차의 비밀』, 중앙생활사, 2018

———,『우리차 세계차의 놀라운 비밀』, 중앙생활사, 2019

케네스 벤디너, 『그림으로 본 음식의 문화사』, 남경태 역, ㈜위즈덤하우스, 2007

(사)한국커피협회, 『티마스터』, ㈜커피투데이, 2014

————————, 『티마스터』, ㈜커피투데이, 2018

캐서린 브라간자Catherine of Braganza _ www.gettyimagesbank.com

개러웨이Garraway's 커피하우스 _ www.gettyimagesbank.com

스트로드 가족The Strode Family _ www.tate.org.uk

두 여인과 장교Two Ladies and an Officer at Tea _

www.collections.vam.ac.uk

크락자기 _ https://en.wikipedia.org/wiki/Kraak _ ware

마이센 _ www.international.meissen.com

로열 코펜하겐 _ www.royalcopenhagen.com

헤렌드 _ www.herendexperts.com

세브르 자기 _ https://api.waddesdon.org.uk

포틀랜드 항아리(유리) _ https://postfiles.pstatic.net

포틀랜드 항아리(재스퍼웨어) _ https://dbscthumb-phinf.pstatic.net

웨지우드 _ www.wedgwood.com

스포드 _ www.spode.co.uk

로열 알버트 _ www.wedgwood.com

로열 크라운더비 _ www.royalcrownderby.co.uk

로모노소프 _ www.lomonosov-russia.com

노리다케 _ www.noritakechina.com

●

초판 1쇄 2021년 1월 13일
    2쇄 2024년 7월 19일
지은이 정영숙
인쇄 지성기획
발행처 차와문화
편집. 디자인 차와문화

●

등록번호 종로 마 00057
등록일자 2006. 09. 14
차와문화 서울 종로구 계동길 103 - 4
편집부 070 - 7761- 7208
이메일 teac21@naver.com

ISBN 979-11-86427-07-1   **가격** 25,000원